AQUARIUS

Vision

一些人物，
一些視野，
一些觀點，
與一個全新的遠景！

總是拿到缺一角的奶油蛋糕

人生的重建課

知名暢銷激勵作家 **盧蘇偉**著

【自序】是誰讓我們遠離了自己的靈魂？

這是一本特別的書，書中談的不是人生的大道理，而是自我對話和解讀。這世界之大，人口之多；但誰會真正了解我們呢？沒有人能夠真正懂我們！所以，我花了一整年的沈澱和對話，寫下了這本獨特的書。

書中有許多生命的故事，請不要用邏輯的頭腦去思辯，而是用深度的覺知來讀，最重要的目的，是希望你在讀完本書後能愈來愈懂得自己，愈來愈能夠和自己真正的對話！

在繁雜的世界，每天都有著各種不同的意外和災難。關掉電視和網路，我們仍然無法平靜。

你會選讀這本書，基本上，我們有著共同的特質。人生已經走了那麼長的一段路，生命中的種種見識和經驗也累積夠多了，每天我們都像個演員，走著幾乎固定的舞台和台步，用著自己不用再思索，就能脫口而出的台詞，我們為什麼而活著！活著的意義究竟是什麼？

每天匆忙的來來去去，我們究竟要得到什麼？過什麼樣的生活？

每天都是這麼的疲累，感覺永遠都不曾好好睡覺和休息，人生有必要這樣嗎？

是誰主導和掌控著我們的生活呢？又是誰讓我們遠離了自己的靈魂，飄泊和不安呢？這些都是誰造成的呢？我們為誰在生活和工作呢？

或許你已經忙錄和疲累到，不想也不願意去思考。想了也沒有用，即使明瞭了所有，明天依然要披著舊皮囊和套上面具，繼續一樣的生活。

以前我也是如此想的！但最後我決定給自己的生命，找到一條自己喜歡的出路。

我沒有離開這個社會，我也沒有改變我的生活。我開始傾聽自己內在的聲音，學會放鬆自己，讓自己的內在恢復寂淨，淨空的心，有著一種愉悅和品質。

我才恍然覺知，生命可以重新建立自我和好的關係，讓自己安心和舒暢！

這本書另外一個特點，是沒有特定的重點和主題，僅藉著一些平凡和簡單的故事，讓我們彼此對話，也開啟你和自己對話的窗口。

為了讓讀者和我之間能輕鬆自在的對話，編輯上刻意讓二十篇故事，像一盤大雜燴，什麼都有一點一點的散落開來，你可以挑你喜歡的入口，一點一點的品嘗。你會意外的發現，和自己愉悅的對話，是多麼美好的經驗。

你也可以按順序，一篇一篇的閱讀，像剖洋蔥般的，一層一層的探索，讓自己逐步的遇見真正的自己。

這本書沒有要激勵你的鬥志，做一個有目標和夢想的人，而是希望和你坐在你喜歡的角落，和你談一些私密的人生話題。靜靜的，一點一點的慢慢聊！舒服和放鬆的讓自己擁抱著自己。

因為在這個世界如果我們都不關心和了解自己，誰又會來看重和賞識我們呢？

沒有人比自己更重要，每一個人都是單獨的生活在這個世界，不論你有多亮麗的頭銜和成就，你能佔有和擁有的只有我們自己！

讓我們一起閱讀自己，而不是手上總是拿著缺了一角的奶油蛋糕！

懂得自己，我們就會知道，我們手上擁有的一直都是全世界最棒的一塊蛋糕，你一直很棒、很好！而且是全世界最棒、最好的一個人！

盧蘇偉 謹識2011.11.4

目錄

01

關於挫敗

上天給的最好禮物

「我幫不了你的孩子。」

「為什麼？」

他無法理解我手上的小孩比他的孩子問題都多，我都可以改變他們，何以幫不上傑奇呢？

上天給劼利的最好禮物

劼利是個典型的男人，他賣力的工作，希望能成為父母引以為榮的兒子，太太和孩子尊敬的先生和父親。

他學歷不高，從基層做起，卻一路做到一家公司的總經理。他唯一的孩子傑奇，卻可能是他生命中最大的挫敗。

傑奇被動、沒有責任感，劼利常為了傑奇而煩心。劼利不明白為什麼他如此努力，孩子卻不如他的期待。

剛開始，他很謙虛的承認是自己的失敗，後來就有許多的抱怨，例如媽媽過度寵愛孩子、學校老師不夠用心、社會環境欠佳、孩子交到不好的朋友等等。

「如果我有能力，我就移民，或把孩子送到國外。」

我聽著劼利的抱怨，很希望能幫上一點忙。

「傑奇，是上天送給你最好的禮物。」

「禮物？他是我生命中最大的災難。我一生的成功都因他而蒙羞。」

劼利認為他能夠以不高的學歷，從社會的谷底，白手起家，而有今天的成就，不但有自己的公司，且居住在豪宅區，出入開名車，但卻有一個不如期待的孩子。

他不明白他給傑奇這麼好的環境，給他這麼多成功的條件，為什麼他樣樣都做不好呢？

「你期待中的傑奇該是怎樣的孩子，你才會覺得自己是一個成功的爸爸呢？」

一個名列前茅，可以讓父親引以為榮，可以和他的豪宅和名車一樣，讓他拿來代表他的成功，可以讓他得到別人的注目和讚嘆……但劼利卻不承認這一些。

他告訴我，他期待的傑奇，成績也不一定要很好，但至少要有一定的水準，不一定要讀什麼名校，但至少要讀個公立高中，大學至少要是國立大學，未來也不一定要繼承他的事業，但至少要有能力養活自己，可是傑奇什麼都做不到。

小學靠安親班老師的努力，成績都還能名列前茅，上了國中一年級，也都還能讀到前段名次，但爸爸並不滿意，他知道孩子一旦沒保持在前三名，就無法考上理想的學校。

劼利沒有和孩子商量，就靠關係把他轉到私立學校。

傑奇當然知道他的表現未能獲得爸爸的賞識，他雖然不願意轉學，但也只能默默承受。其實他也很想努力，在這所私立學校，父母都有著共同的期待，就是希望孩子能考上前三志願的學校，所以學生都成了考試機器。

傑奇實在無法應付每天每一節課都有考試，而且考試成績都要列記在聯絡簿上。爸媽每次看到他幾乎全數不及格的分數，就不斷地擔心和指責，雖然他們都盡量保持風度，忍住不發飆。

傑奇也知道成績能讓他贏得父母的賞識和重視，但他就是不懂自己為什麼做不到，而同學卻都可以保持很好的成績。

有一天，他終於懂了，原來每次小考都是彼此交換考卷，但大部分同學根本沒有交換，他們要多少成績都由自己填上去。

老師似乎也知道，但並沒有太在意，另外有同學經由學長或補習班，弄到答案卷，事先把答案寫好，等交換改考卷時，他改到的同學都接近滿分。

期中考也有作弊的管道，例如某幾科的考卷都會外流，但這些同學為了保持自己的排名，都祕而不宣。

傑奇花了一學期才弄懂了這些門道，他很輕鬆的就拿到了能讓爸爸開心的成績單，他也知道這都是假的，但只要能讓爸爸鐵青、嚴肅的臉改變就夠了，以後怎樣一點都不重要。

傑奇花了許多時間在經營這些門道，反而很少花時間認真讀書。

孩子不是物品，他需要被了解

他覺得有分數才重要，其他都是假的。當然等學測成績一出來，他的爸媽不免大大的失望。他們不懂為什麼在學校的考試成績都很好，但學測的成績卻不理想。

傑奇的爸媽並沒有懷疑傑奇的努力，他們相信傑奇的說法，認為是答案卡填錯了，只是等到第二次學測成績也是如此時，他的爸媽心碎了。

他們心想輸掉高中考試無所謂，因為真正決勝負的是大學的入學考。

他們都未與傑奇商量，就把傑奇送到一所要住宿的遠地學校，傑奇也並沒有因為這次的教訓，而改善自己的學習態度。

一開始，他還是抱著打混的心情，看能不能有捷徑可以拿到高分，很可惜，他在原來學校所用的爛招在這裡一點都不管用，加上他國中時又沒有好好用功，所以程度遠遠比不上同班同學，就這樣，他混不下去了，想找其他的出路又找不到。

這個學校比以前的學校更像升學補習班，他最後被迫退學，轉回原來學校的高中部，他如魚得水的又用他熟悉的老招，讓成績拉上來，但高中不比國中好混，沒多久，他又把自己給玩完了。

他再度被迫休學，整天就窩在家裡，拒絕和父母對話和溝通，親子關係也愈來愈惡化。

傑奇的爸爸從媒體上，得知我輔導偏差行為孩子的故事。

在萬般失望下，他專程來拜訪我，希望我能給他一個他期待的孩子，一個積極主動、奮發向上，能夠榮耀他的孩子。

類似的場景，我已不知經歷了多少次，我發現劼利並不想多知道什麼，他只想得到他要的結果。

他願意付出任何金錢，他是個生意人，沒有用錢辦不到的事。

他想聘我當他孩子專任的輔導老師，無論待遇多高，他都可以接受。

「我幫不了你的孩子。」

「為什麼？」

孩子的自私，來自父母的自私對待

他無法理解我手上的小孩比他的孩子問題都多，我都可以改變他們，何以幫不上傑奇呢？

每個孩子都有他們的獨特性，都有他們適合的位置。

有些孩子可以出類拔萃、名列前茅成為父母的驕傲，但那些孩子未必能一路贏下去。只有很少數的小孩會很順遂，一如父母期待的完成所有任務。

大部分的小孩，有人贏在起跑點上，但會輸掉所有的人生，有的孩子會找到適合他的位置，卻輸掉一部分或贏得他人生的一部分，也有的孩子會輸在父母的期待上，而把自己封閉起來。

劼利是個了不起的人，能把輸在前半段的人生，在後面贏回來，但他的孩子卻只贏得一小段，而輸掉所有的人生。

如果劼利持續他的幸運，也擁有一個如他期待的孩子，從小名列前茅、就讀名校，一路順遂，我想劼利的人生會更加封閉和貧乏。

他要什麼，一定都要得到，但孩子是個生命、是個人，不是我們可以操控和決定的。

優渥的環境或許很重要，但我們如果都不管孩子的想法和感受，只一味地想到我們的期待和失望，最後孩子也不會理睬我們的想法和感受，而把自己封閉起來。

「孩子的自私，其實是來自父母自私的對待。」

傑奇會是個禮物，因為他能讓劼利看見自己的自私和無知。

我們不能操弄任何一個生命，無論是我們的顧客、員工、另一半或孩子。

劼利的成功，來自於他操弄他的顧客和員工。他可以朝著他希望的路途努力，他賺到了錢。他用同樣的手法操弄他的婚姻，他的太太以他為王，因為她生活所需必須仰賴他的供給，他也想操控他的孩子。

在孩子童年時期，他似乎還能得到他要的結果，但當孩子進入青春期，他就發現孩子並不是忠誠的對待，而是巧於應付他的表面需求。他不僅未能真正的主導孩子，還被孩子玩弄了都不自覺。

「生命是個學習的歷程，我們付出什麼，就學習到什麼。」

劼利並未能體會我的話，我強調的是「學習」，他卻只習慣「獲得」和「佔有」。

他真的付出許多，但他並沒有得到他要的。他認為要怎麼收穫，就要怎麼栽，是騙人的謊言。他從很功利的角度看待孩子，自私的把孩子當成自己的寵物。

「寵物？我的確不該養孩子，應該養一條狗。狗忠心，又不會找麻煩。」

這是事實，愈來愈多人不婚，因為要學習和另一個人相處，的確是自找麻煩。許多人選擇做頂客族（不生育小孩），因為養小孩，耗錢又費心。養寵物簡單多了，只要用心照顧，牠們不會有任何自己的意見，我們帶牠到哪裡，牠都不會頂嘴，也不會要求賞識和尊重。

婚姻和親子關係是學習的歷程，另一半不會如我們期待，把我們當成君王般的尊崇，即使是君王，也未必得到真正的尊敬和服從，孩子更是如此。

我們的掌控會隨著孩子長大而趨弱，孩子會愈來愈有自己獨特的意見和想法，會愈來愈和我們不一樣。

他不再順服、不再依賴，如果我們的付出只為了得到，孩子也會功利的計算，怎麼樣的付出會最少，可以得到的利益會最多。

最有錢的窮人

孩子短視近利，不知珍惜和感恩是很自然的，因為他只是父母的商品，父母不曾用真正的愛關懷過他們，他們當然也不會付出真愛給孩子。最後的結果，親子都會傷害和毀掉彼此的幸福。

夫妻和親子是相互成就，要不就雙贏，要不就雙輸。

「輸什麼？就當作沒生、沒養。」

劼利似乎已沒什麼耐心，因為他來找我是帶著一絲絲的希望，期待我像魔法師般，點化他的孩子，讓他做一個有尊榮的父親，可惜的是，我什麼也做不了。

「從現在開始改變，還有機會，否則未來會愈加困難。」

這是最好的時刻，錯失了，我們將會失去更多。

沒有孩子的人很多，一個人不會因為沒有婚姻和小孩，而不幸福，但一個有婚姻和孩子的人，會因為拒絕去投資和經營，而失去所有的幸福。

「幸福？在這個時代，有錢才有幸福，有錢才可以買到尊重，其餘都是假的。」

劼利是個生意人，沒有錢，什麼都免談。在商場上，錢的確有最高和重要的價值，但除了錢之外，劼利是一無所有。

「我有房子、車子、企業，怎麼會一無所有呢？」

一個人住在最華麗的超大豪宅，一個人開著名貴和豪華的車子，一個人關在老闊的辦公室，時間會流逝，人將會老去，在生命的旅程中，我們想擁有的就只有這些嗎？一堆數字和一堆所有權狀，還有呢？

「講這些都是多餘的，我的公司有一堆博、碩士，我的孩子卻什麼都不是。」

一個不長進的孩子的確很傷父親的心，但如果這個父親知道他的孩子之所以如此，是因為他的所有努力都不曾得到爸爸的賞識。他放棄努力是在向父親求助，我們還忍心讓孩子繼續封閉和自我慢性自殺嗎？

「誰不想要有個傑出優秀的孩子？」

孩子優秀傑出與否都與幸福無關，每個孩子都有自己的位置。

平凡的生命也沒有什麼不好，絕大部分的人都選擇做一個平凡的人。劼利雖比一般上班族多一些優勢，但他也是個平凡人，我也是。為什麼一定要期待孩子傑出和優秀，一定要如我們所願，做一個讓我們以他為榮的人呢？

「我們擁有一個健康的孩子已經夠富有了，如果能夠再擁有他正向、積極的態度，我們就該心滿意足了。」

孩子有他們的生命，有他們的選擇，我們不能決定孩子任何一件事。我們唯一能做的，就是陪他們走人生的一段路，和他們共有一段學習成長的歷程，其餘的都是孩子自己的責任和選擇。

我們無須擔憂和關心，就完全交給孩子自己去做決定吧。

「這是個禮物，孩子讓我們跌到谷底，我們才有機會重新出發。」

一切都是從零開始。做多少，我們就擁有多少。

我們有什麼理由不珍惜和感恩呢？

劫利有兩個選擇，一個是繼續他過去的方式，一個是選擇和孩子及太太重新建立關係，只要他願意，做多少，他就擁有多少，穩賺不賠，沒有比婚姻和親情的投資擁有更大利多的！

人生的重建課

關於挫敗

誰能給你生命中最珍貴和難得的禮物呢？

健康、快樂、幸福、財富。
這些都是很好的禮物，
但如果沒有了愛，
這些禮物都將失色。
選擇給自己生命最好的一份禮物，
學習去付出，
學習去愛。
真正的禮物，
會自動到位喔！

02
關於蛻變
別把他人的人生扛在自己肩上

生命是何等珍貴的資產，她卻全耗在先生和兒子的不夠好。要改變他們父子不是一件容易的事，但調整婕瑩自己卻是可以辦到的。

「你還要拿他們父子的錯誤懲罰自己多久呢？」我問婕瑩。

婕瑩是我輔導的個案小贊的媽媽，在這幾年的接觸裡，我很想幫她忙，但卻怎樣都使不上力。最近她又因先生外遇的事來找我，問我該怎麼辦。

「這已經不是第一次了，從過去的經驗，你學到什麼呢？」

「男人是不值得信任的。」

婕瑩有這樣的想法，的確是經驗給她的。

讓自己好過的方法

她好幾次都想放棄，雖然每次外遇，她都選擇原諒，但她的先生卻一再的違背承諾，這一次也一樣。她很傷心為什麼先生要欺騙她呢，再加上小贊也一再讓她失望。

「他們沒有欺騙你，你的先生和孩子並不知道，『說到就要做到』是件很困難的事。」

「知道做不到，就不要承諾啊！一個男人怎麼可以說話不算話呢？」

我無意替婕瑩的先生和孩子辯解，我只想讓她了解，先生和孩子的不夠好或不如期待，不是她的錯，她沒有理由這樣傷心和難過。

她的先生從事業務工作，有許多機會和異性接觸和應酬，很自然的就有不當交往和不倫的事情發生。

她的孩子不喜歡讀書，喜歡玩樂交遊，朋友多，是非也多，許多事都非他能預料和防範，於是多次進出法院和少年觀護所。每一次他都承諾不會再犯了，卻又一再犯錯。

「聖人都很難言出必行，說到做到。」

婕瑩還是認為做人的基本條件，就是要有信用。一個人說到，卻做不到，信用破產，就沒資格做一個人。

我無法反駁婕瑩的看法，她沒有錯，但有多少人能真正做到呢？檯面上這些政治人物或公眾人物，有幾個人言行一致呢？我原本希望婕瑩能放低對先生和孩子的期待，這樣她自己會好過一點。

「他們父子都很會說謊，都是騙子。」

婕瑩邊罵邊哭，我能怎麼樣呢？幾年來不變的場景和劇情，而我只有一個目標，就是希望婕瑩能好過一點。

別拿他人的錯誤懲罰自己

生命是何等珍貴的資產，她卻全耗在先生和兒子的不夠好。要改變他們父子不是一件容易的事，但調整婕瑩自己卻是可以辦到的。

「你還要拿他們父子的錯誤懲罰自己多久呢？」

婕瑩淚眼婆娑，眼前一片模糊，她看不清楚自己的未來和現在的處境。

她可以一輩子都不改變，一輩子都不原諒他們父子，但這樣又有誰好過了呢？大部分人都未覺察到，我們生命中的許多能量都耗在無法改變的過去，但怨和恨能改變什麼呢？最重要的是，婕瑩要有覺知，必須重新給自己好的選擇。

「我有什麼辦法呢？命啊！我在破碎家庭中長大，又遇到破碎的婚姻，我的人生註定要破碎過一生。」

婕瑩和以前一樣，她都沒有太大的改變和成長，我能幫什麼忙呢？我們無法選擇父母，但另一半是我們選的，孩子是我們生的。我們自己難道不能決定我們自己的想法和情緒嗎？當然，我絕對尊重婕瑩選擇自己所要的一切。

在無法改變他人時，轉換自己的心情

先生的外遇和孩子不夠好，或許我們的努力都無法改變什麼，但換個角度，換種心情，應該是可以做到的，婕瑩對我的說法卻不認同。

「做錯事的人是我的先生，你應該教他改變，應該教他學習吧！怎麼會把責任都歸到我身上呢？」

婕瑩原本希望從我這裡得到一些同理和安撫，但我給她的卻不是她要的。

其實我也曾經和她先生談過話，男人很怕別人說教，所以我只是輕描淡寫的告訴他，聰明的男人要會懂得投資另一半和家庭。

婕瑩的先生卻告訴我，男人要趁年輕，及時享樂，太太、孩子不需要看得太重要。人生就是要多采多姿。有漂亮、年輕的女人投懷送抱，拒絕的人才是傻瓜。

我能多說什麼呢？每個人的價值觀都不同，我們改變不了別人時，就要讓自己好過些。

我一直認為婕瑩是有機會和可能改變的，關鍵在於她有沒有意願要改變。改變的意願來自於痛苦，覺知到痛苦已難忍受，才可能有強烈的改變意願和動機。

「離婚是唯一解決痛苦的方法。」

先愛自己，才會有人愛你

從我認識婕瑩，離婚就是她最常提到的解決方法，可是這麼多年了，她並沒有離婚，只是一直和先生吵吵鬧鬧、分分合合。

她原生家庭的父母，也是離婚後，彼此都再婚。但他們快樂嗎？非但沒有，還帶給子女許多痛苦，這是婕瑩多年來沒離婚的原因，但離婚一定就解決得了所有問題嗎？婕瑩就會快樂嗎？先生一再的外遇，當然是不應該，但一個家的經營是雙方持續努力的結果，而婕瑩一直認為她付出的多，享受的少。

「為什麼不對自己好一點呢？先學會照顧好自己呢？」

婕瑩又再次掉淚，她認為當太太的要以先生為重，當媽媽的要以孩子為優先。煮飯時，她都想到先生和孩子喜歡吃的，她從不自私的想到自己，這是讓她最傷心的地方。

她全心全意的為先生、為孩子著想，他們卻一再的違逆她、折磨她。

「不懂愛自己的人，是不會有人愛她的。」

煮飯第一道煮的一定是自己喜歡吃的，至於先生和孩子喜不喜歡，一點都不重要，要讓自己知道煮飯是為自己煮的，打掃也優先整理自己的，買東西一定先買自己要的，自己賺的錢先滿足自己的需求，然後再考慮家人。

「這樣不是很自私嗎？」婕瑩和許多傳統父母一樣，為了買房和買車，甘願省吃儉用，但為了要不要買一件自己喜歡的衣服和包包，卻能考慮好幾天。

把自己照顧好，另一半和孩子其實是有能力照顧好自己的；把自己照顧好，我們就不會向另一半討愛、討關心和感謝。照顧好自己，我們就會感到舒服和安心，另一半和孩子出去不回來，也不會有太多掛心。

先照顧好自己，就能影響到家人

在改變他人之前，先調整自己。

「他們沒有我，就很難生活。」

婕瑩還真的把自己看得很重要。她的先生和孩子就是因為她太多的關懷和照顧，所以無法待在家裡，喜歡往外跑，因為在家裡，他們沒有被需要的機會和功能。他們不僅不需要在家，而且當家裡還有個無法照顧好自己的女人，她讓男人的耳根子不清靜，哪一個男人會願意留在這樣的家呢？

「改變我們的習慣，就會改變我們的命運。」

當我們學會照顧好自己，學會讓自己幸福和快樂，我們還要擔心什麼呢？

「如果是這樣，為什麼要結婚、生子呢？一個人不是更好嗎？」

結婚和擁有孩子是人類的本能和驅力。幸福、快樂與婚姻、家庭無關，有婚姻、孩子的未必幸福，沒有的也未必就不幸福。

「一切操之在己，婕瑩，你要過什麼樣的生活，你才能幸福和快樂呢？」

「生活無虞，無憂、無慮。」

生活所需，大部分人早就無虞了，只是我們都想多要一些，我們只是想要，但卻不一定需要和用到的東西。我們不需要更大的房子、更好的車子，更不需要名錶和鑽石，這些東西與幸福、快樂無關。

我們的憂慮很少是自己的問題，大部分都是來自父母、家人、另一半和孩子。煩惱再多也是沒用的，除非他們自己願意改變，一切才有可能。我們只需要把心力放在自己身上。

「我怎樣才會快樂和幸福呢？」

「不管他們死活，我就輕鬆了。」

婕瑩似乎還是無法理解我所說的，她要學習把自己照顧好，而不是不管家人的死活。

她要了解自己的需求，先學會照顧自己，自然有能力去照顧和影響其他的家人。一個內在有許多負面想法和情緒的人，只會給「家」製造垃圾和麻煩。

「我是個問題？是個麻煩？」

進家門前，先準備一份好心情

我已經很小心了，但婕瑩還是敏感的以為我在指責或認為她不夠好。她已經是個很棒的女兒、太太和媽媽，她不需要把屬於別人的選擇和人生扛在肩上，我們只要做好照顧自己的責任。做好這一切，我們才有能量，讓這個家得到改善。

「要怎麼做或開始呢？」

真是謝天謝地，因為和婕瑩的談話一直糾結在責任的歸屬和對錯，現在她終於問對了一個有意義的問題。

我分享我自己的經驗。我每天回家時，都會在家門口準備一份好心情再進門。在家裡，一定有許多和自己期待不一樣的事情會發生。我時時提醒自己，如果這些事與自己的快樂和幸福無關，那麼它們就是微不足道的小事，例如衣服亂扔、東西未歸原位、孩子晚歸、先生「外宿」之類的小事等等。

婕瑩果然對外宿很敏感。難道先生在外面陪別的女人過夜也是小事嗎？如果婕瑩要這個婚姻和完整的家，她就要了解在前往幸福之路時，難免會有小小的擦撞。先生夜不返家，未必是和別的女人在一起。

男人的自私，來自女人的過多付出

如果先生不看重這段婚姻和家庭，那麼我們的努力，就只會提早結束婚姻。比較有效的方法，是讓先生離不開家。如果在家裡他經常被需要，那麼他就有充分的機會展現他的能力和價值。

如果一個男人在家裡，多數的事都要他解決和協助，他每天都得到另一半和孩子的感謝，那他會充滿成就感，也就少有機會和理由沈迷於牌桌和其他女人。

「女人要裝軟弱？」

婕瑩的媽媽給她的教育，就是要當一個強者。靠別人生活的女人，遲早要餓死。她不僅支撐家裡大部分的經濟，還包辦了所有的家事。

她家的男人就只出一張嘴，還嫌東嫌西，加上爛脾氣，動不動就罵髒話和摔東西。有什麼理由要做這麼辛苦的女人呢？放輕鬆吧，女人不做，男人並不會活不下去，等事到臨頭，男人再懶也會動手做家事，不過最好的方式是「請」他們幫忙，然後給「他們」許多的感謝。

男人許多時候是很被動的，如果有人需要他，他不會拒絕。男人可以出力的，就盡量給他們服務和付出的機會，讓他們被女人需要和感謝，這不是很好嗎？

「男人的自私，來自女人過多的付出。」

我希望婕瑩能了解，對自己好不是自私，而是讓自己和別人好過的重要關鍵。

婕瑩似乎了解了我的用意，但我強調要給自己三個月到半年的時間，每天練習好好「愛」自己和照顧「好」自己。

幾個月過後，在一個偶然的機會裡又遇到婕瑩。我開玩笑的稱她「苦海女神龍」，她開朗的告訴我：「我是一個可以決定自己命運的女人。」

因為上次的談話，讓她有很深的覺悟，她去上了許多課，工作有很好的進展，家庭也變得和樂了。

「先生還好吧？」

「先生？哦，他要為自己負責，我已經很久不管他了。」

「兒子呢？」

「還好啦！成年男人要為自己負責，我只負責我自己的幸福和快樂。」

如今這位歹命的女人終於有亮麗的人生，其實一切的關鍵都在於她的重新選擇。

「你要什麼，你就要為自己負責。」

婕瑩很有自信的送給我這麼一句話。

人生的重建課

關於蛻變

命運是誰決定的？
無疑的，是我們的「選擇」決定的。
相信任何的環境都可以創造生命的奇蹟和累積生命的資產，
指責和批評，是對自己生命的不盡責。
你現在的選擇，就決定了明天的命運。
給自己一次成功和扭轉命運的機會，
選擇自己真正想要的人生。

03

關於工作

將職場裡的每一天，都當作是投資

毓婷終於考取了一所偏遠學校的教師，她十分猶豫，該去，還是不去呢？去了，很可能就要留在偏遠的地區，不知何年何月才能回到家鄉；不去，以後就更難有機會了。

「不要去問別人的意見，你要問自己想要過什麼樣的生活，問自己什麼樣的工作會讓自己樂在其中。」我這樣告訴她。

為自己的目標，拚命衝刺

毓婷是我的讀者。她幾年前從大學畢業，有一個很明確的目標，她要考取公務人員，但她沒有信心是不是能考上。她對自己的未來十分徬徨，她希望我能幫助她渡過難關。

「考試對任何人來講，都是充滿著煎熬。沒有人可以確定，我的付出一定可以如願。」

我在這幾十年中經歷了無數的考試，許多人看我大學畢業以後幾乎「試試如意」，但我和每一個考生一樣，在考前都充滿著不確定感，只不過我很清楚，專注和信心是決勝的重要關鍵。考前我毫無疑惑，覺得自己一定會考上，甚至預想自己的名次，考完放榜後，我的名次果然和我所預想的落差不大。

「決心、毅力、勇氣，全力以赴，堅持到底。」

毓婷受了我的激勵，全心全意的準備考試，她很幸運的考上了行政人員的普考。我記憶猶新，當時她又叫又跳，很興奮地打電話告訴我上榜的消息。她即將有一份穩定的工作，她覺得未來充滿著期待和希望。

但不到一年，有一天毓婷寫了一封信給我，她告訴我，她對公務員的工作失望極了，她要離職。

她在信裡告訴我，有民眾不滿她處理的公事，跑到她工作的地方來咆哮，用很難聽的話羞辱她是社會的米蟲。

她其實自覺沒有錯，但因有議員介入，主管把她叫到這位民眾面前臭罵一頓，要她道歉。

她含淚向這位民眾致歉，這位生氣的民眾還不肯罷休，要她以後眼睛睜亮點。

我約了毓婷見面，她迫不及待的告訴我她的委屈。

公務人員的挑戰

「我不懂，當一個公務人員要這麼卑微嗎？」

毓婷認為自己依法行政，對這位民眾也是很有禮貌的講解，她做錯了什麼嗎？主管告訴她，當公務人員就要識時務，不要給長官和機關惹麻煩，她其實沒有錯，但錯在她服務的對象是議員重要的親信，而惹到這位議員，會讓市長在議會質詢時很難堪。

等第二次再遇到這位民眾時，毓婷很謹慎地處理了，但即使很謹慎，卻還是出了錯。這位民眾有上次的得意經驗，就在眾人面前教訓她，並揚言絕對會讓她做不下去。

毓婷把事情往上呈報，這位民眾被市長請到辦公室喝茶。她的主管被訓了一頓，直接交辦她要怎麼做。毓婷猶豫不決，她沒想到當她惶恐無助時，竟然沒有人援助她。同事都裝作不知道，因為很怕會惹火上身，她不知道自己該如何選擇和自處。她從沒有想過，公務員這份薪水會領得如此卑微和屈辱。

主管明確告訴她，當公務人員就是這樣，不要死守法令，要知道變通，給別人方便，就是給自己方便。

「萬一出事誰負責？」

主管不給予毓婷任何回應和保證，但從主管的眼神中，她知道若出事，一定是要她一個人負責，因為她是這項業務的負責人。毓婷決定辭職，她不妥協。

「你做錯了什麼嗎？為什麼要辭職呢？」

回想毓婷是多麼努力才取得公務人員的資格，為了這群趨炎附勢、仗勢欺人的人辭職，太不值得。

我相信毓婷的工作一定是一個具高度挑戰性的職缺，在公部門通常補職缺時，都會把最具挑戰和風險的職缺留給新人。在公部門能秉公處理事情，不枉法，不徇私，絕對沒有人能奈何你，而工作雖然辛苦和具有挑戰，但一定能熬過去，只是毓婷是個既不配合又不聽話的部屬，市長和主管一定會想辦法把毓婷換掉。

「我已經揚言要辭職了。」

辭職簽呈還沒有送出去，主管和首長也未核章前，其實都不算數。不用擔心有人會嘲笑毓婷說話不算話，明天就大大方方繼續去打卡上班，繼續坐在自己的位置上，最多今年考績拿不到而已，沒有人能奈何得了毓婷。

「我不幹了，這種沒尊嚴、沒原則的工作，我不做了！」

公務人員不一定適合每一個人。毓婷如果覺得自己不適合，趁年輕，及早換跑道也是不錯的。

職場新人，應該如何表現？

「你有什麼樣的規劃呢？」

毓婷有修教育學程，她有教師資格，她想到學校當老師。毓婷之前因為花了幾年時間參加教師甄試，都未如願，後來才會參加公職人員考試。如果她走回頭路，卻又都不如願，那還要再虛耗多久呢？

我比較建議她回到現在的工作，設法去適應這份工作，如果有機會，就參加教師甄試，這樣會比較穩當。

「我覺得辦公室的同事都很冷漠和自私。上班這幾個月，都沒有人主動關心我、協助我。這樣的工作環境，我不喜歡。」

毓婷初入社會工作，總是以自己為中心。她沒有想過一個職場新人應該很謙虛的求教，並建立自己的人脈資源。

一個自以為是的傲慢新人，有誰會想理她呢？在任何職場都一樣，每一個位置，都有自己分內的工作，公部門更是如此。每一個人經辦的業務不同，工作繁簡也不同，但責任是一樣的。有可能已經自顧不暇了，誰還有能力去了解和協助別人的工作呢？除非我們是一個讓人喜歡和肯定的新人。

如果我們很自私的只想把自己的事情做好就夠了，不願主動關心和協助別人，當我們有需要時，也不會有人理我們。

「任何職場都一樣，大家都要『互相』。」

「互相」是台語，意思是說，你今天付出什麼給別人，別人就會為你付出什麼。你用什麼態度對待別人，別人就會用什麼態度對待你。

上班的每一天，都應該當作是投資，用珍惜和感恩的心，努力去付出關心給別人。在人際資產上，我們擁有的愈多，我們的工作就會愈愉快。

「我現在該怎麼辦？」

毓婷用不適的態度嗆了主管，並揚言要辭職。她明天如何去面對這些不愉快的經驗呢？

「今天如果聯絡得上你的主管，就私下去拜訪他，向他致歉，並請求他協助你渡過難關。」

每個做主管的人，都有他的立場和難處，但主管通常不會拒絕部屬的虛心求助，畢竟他也是一路從新人接受磨練才當上主管的，他會有足夠的知識和經驗去協助毓婷。

「可是我不欣賞他，我實在不想和他多說話。」

換個角度，看待自己的困境

在職場上，主管能讓部屬欣賞的，誠屬稀有和難得。大部分的主管都是和部屬若即若離，經常都孤立在小辦公室裡。

我告訴毓婷，這是一個接近主管，向他學習的好機會，有什麼理由要錯失呢？

「真的要這樣嗎？如果要委屈我自己，我會覺得自己很受傷。」

毓婷是個成年人，可以去衡量自己的得失，為自己做出最好的決定。我能協助她的，就是了解她真正的需要，避免過去經驗和情緒的打擾。

「一份工作和薪水是你需要的嗎？」

毓婷未婚，仍和父母同住，無須分擔家中生計，她平常吃、用都是父母買單，賺的錢都是她自己的，即使沒有工作，也不會造成太大危機，她不覺得一定要為了一份薪水委屈自己。

「那你當初為什麼有那麼大的決心要考取公職呢？」

毓婷不想再讓父母養她，也不想再伸手向父母要錢，她想要自力更生，想要有經濟自主，但如果辭去工作，結果會是什麼呢？

「被爸媽和親友罵死。」

的確，有多少人經歷多年的努力，仍擠不進這道窄門。毓婷好不容易擠進來了，卻因一時的受挫而放棄，的確很難讓人諒解。

「現在最好的決定是什麼呢？」

要忍耐眼前的委屈和辛苦，還是留下一輩子可能的遺憾呢？有什麼理由，讓一群不夠好的人來左右我們的未來呢？

「好，我去。」

要毓婷單獨去面對她的主管，的確要有很大的決心和勇氣。毓婷惶惶不安的拿起手機撥給她的主管。

最後的結局，當然是毓婷留任公職，而她當年的考績也沒有意外，得了乙等，不過後來她調任新職，一份不需要與民眾直接面對的工作。工作雖然繁重，但毓婷覺得和前一年的考驗相比，這些工作上的辛苦都不算什麼了。

傾聽自己心裡的聲音

在一個偶然的機會下，我到毓婷服務的單位演講。她興奮的介紹她之前的主管讓我認識。

「盧老師，這是我職場的恩師。我能留任公職，都是他的教導和幫忙。」

我看得出來，毓婷工作十分愉快。演講活動不是她的業務，她卻很主動的協助和幫忙。她之前的主管也很賞識她，誇讚毓婷很有正義感，做了別人不敢做的事，也替同事出了一口怨氣。

演講前有一點時間，我和毓婷聊了一下她的近況，她仍覺得她不適合做公務人員，所以她在工作之餘，很積極的準備教師甄試。在生命的過程中，因為已經有前面的狂風暴雨試煉了她，所以她對未來不再惶恐。

「考前盡最大的努力，但把結果交給上天，相信上天會做最好的安排。」

幾經波折，毓婷終於考取了一所偏遠學校的教師，她十分猶豫，該去，還是不去呢？去了，很可能就要留在偏遠的地區，不知何年何月才能回到家鄉；不去，以後就更難有機會了。

「不要去問別人的意見，你要問自己想要過什麼樣的生活，問自己什麼樣的工作會讓自己樂在其中。」

毓婷最後決定去報到，她去了，才知道偏遠的學校為什麼留不住老師，因為全校只有六個班，教職員工也只有九位，她必須身兼導師和組長的工作。因為交通不便，她只能住在學校宿舍，白天倒不覺得可怕，但晚上天一黑，四處靜悄悄，有好幾次，全校只有毓婷一個人，剛開始她連門都不敢開。山區常有蛇出沒，偶爾還會有人翻牆進校園破壞公物。

「我的選擇錯了嗎？」

我接到毓婷的e-mail。她一個人留在學校，她是城市的孩子，從來不曾喜歡過鄉間的生活，什麼都不方便。她很懊悔自己當初應該多加考慮。

「我的選擇錯了嗎？」

我是山裡長大的孩子，山野對我而言充滿著無比的吸引力，但毓婷像我的孩子一樣，都是在城市裡長大。在山裡，有永遠趕不完的蚊子，買份報紙要開車十分鐘，肚子餓了，只能吃泡麵，所以我很能體會毓婷的吶喊，但生命從未白白讓我們走過，我相信毓婷的選擇沒有錯。

她在未來一定會懷念一個人孤零零守著一所學校的日子，就如同她之前的所有經歷，雖然在眼前看來是個磨難，但在未來卻是禮物和恩典。

「珍惜現在，它不會永遠讓你擁有。」

人生的重建課

關於工作

不論你選擇什麼，人生都會累積不同的資產。
有什麼理由對過去不可改變的一切懊惱呢？
給自己一個全新的決定，
讓自己的未來充滿喜樂和機會。
如果你不做這樣的選擇，
你就真的選錯了！

04
關於教養
父母要跟著孩子一起長大

一個男孩通常在九歲之後，就會想擺脫父母的照顧和保護，但傳統的父母卻是努力的讓男孩不要長大，等到讀完大學，卻又希望孩子立刻長大，能夠獨立。

把孩子的責任和問題還給孩子

群慧的孩子到國外讀書，但最後沒拿到學位，孩子在當地打了短期的工後，卻把自己關在房裡幾個月。

接受寄宿的家庭覺得不對勁，通知了群慧。群慧要孩子回台灣，孩子還沒回來，群慧就很緊張的向我求助。她不知道一旦孩子回來該怎麼應對，才不會淪為尼特族（不工作、不學習的雙失族），她的孩子已經二十七歲了。這的確是個全球先進國家的普遍問題，也是許多家庭的共同危機。

「你擔心的是什麼呢？」

群慧不希望孩子回到家，繼續窩在房間裡整天上網，不工作，也不學習，成為啃老族或米蟲。

「一個人為什麼願意工作和學習呢？」

和群慧的孩子一樣，成年之後只有短暫工作，大部分時間就窩在家裡，個性、特徵和青春期的孩子沒兩樣，不給別人管，也不給別人教，動不動就發脾氣。這些延緩成熟和幼齡化的成年人，在台灣就有幾十萬，在歐美、日本，甚至都是以百萬計。

大學畢業後的職場新鮮人，從基層開始做起，月薪低，工作辛苦，在家裡養尊處優的孩子，怎麼可能願意為了一點錢而屈就呢？孩子從小就被父母安排慣了，成年之後，自然也沒有習慣主動積極的為自己的未來打算，反正一切都有父母可以依靠，何必費心呢？遇到不順遂的事，只要丟給父母就行了。

群慧的孩子大學畢業後服完兵役，都沒打算找工作，只說要出國念書，但也沒有明確的目標。申請不到學校，就讀語言學校，後來混了兩年，才申請到一所社區大學的研究所，但也沒認真讀，所以沒拿到學位。之後經由同學介紹短期打工，但其實有將近一年的時間都無所事事，爸媽也不知道，仍然繼續寄學費和生活費。

群慧給孩子寫信，孩子剛開始還會回信，後來就有去無回，打電話也不接。孩子離家幾年，每次回來就覺得孩子愈加陌生，這次她忍無可忍要孩子回來，但孩子一答應要回來，卻又讓她十分焦慮，她不知道該如何應對和安排孩子的未來。

「是該放手的時候了，孩子已經二十七歲，也該獨立生活和為自己打算。」

都不要管他？任他自生自滅？這真是個難題。當然，能和孩子深入的交談，了解孩子對未來的期待和計畫最好，但這類的孩子大都沒有什麼自己的想法。

群慧的孩子會想出國念書，而且有具體的行動，雖沒拿到學位，但在國外幾年的生活經驗，其實對他的未來是會有幫助的，他應該和完全沒有自己的想法，任由父母安排、掌控的孩子有所不同。

我建議群慧給孩子一點時間準備，以及多一點的空間做選擇。

許多先進國家的成年人，都普遍延緩離家和進入職場的時間。不過群慧的孩子都二十七歲了，群慧會著急也是理所當然，但若再涉入孩子的生涯太多，孩子就會更加延緩成熟，若孩子再過五年或十年仍是這個樣子，那才真是令人擔心。

放手就是把孩子的責任和問題還給孩子，讓他清楚自己是個成年人，必須為他的生活和所需的一切努力付出。

讓孩子清楚的了解父母的期待

「第一步是什麼呢？」

當孩子從國外回來，爸媽可以先放輕鬆，就用一顆歡喜的心歡迎孩子回家，讓孩子感受到父母的關心和愛，不要覺得孩子像瘟神一樣，是回來消耗或偷竊父母資產的人。

在愉悅的家庭聚會中，讓孩子清楚的了解父母的期待，他必須要有一份工作，要有收入，可以供給自己生活所需。

父母即使再有錢、有能力，也是父母的，他必須靠自己的努力賺取生活費用，這是社會的法則。有付出，才有收穫；有貢獻的人，才有獎賞。

「孩子若一直都沒找到合適的工作或不願意認真找工作，整天窩在家裡怎麼辦？」

我建議群慧，要給孩子明確的時間。在三個月內，父母仍然提供必要的生活支出，但三個月以後，供給減半，六個月之後，父母不再提供生活費用，而一年之後，孩子必須搬出去獨立生活。

在生物界，已成年可獨立的子女，父母的手段都是無情的，像老鷹會把羽翼豐滿能飛的小鷹推下懸崖，為了生存，雛鷹難免有摔死的，但大部分的鷹都會從此離巢獨立生活。

在我們那個時代，家裡子女眾多，沒有人敢賴在家裡，寒、暑假就自動自發要去打工賺錢，學校畢業後，就自然的會為自己的未來找出路，父母沒有供給我們的能力。

沒有經歷窘迫，就難以嘗到幸福

現在的父母能力都很強，少子化的結果，父母一生的努力和積蓄，足供孩子一生不用工作，也都能生活優渥，孩子還有什麼誘因去賺辛苦的血汗錢呢？孩子辛苦一個月的所得，買兩件衣服、吃一頓大餐就花光了，如果還要租屋和養車，日子要怎麼過呢？

「沒有壓力就沒有成長，孩子沒有經歷各種窘迫、難過的日子，他一生都難嘗到幸福的滋味。」

許多了不起的教育或思想家，倡論教育不是為了職業做準備，教育是為了提升生命做準備。我想這些言論沒有人會加以反駁或反對，但一個人無論如何都應該有份工作，以服務的觀點來看，我們接受無數人的分工和努力得以滿足生活所需，應該也有一份工作來負起社會的責任、服務他人，但我們的工作觀幾乎都是為錢而工作，而不是為了社會的責任，樂於付出和工作。

一個男孩通常在九歲之後，就會想擺脫父母的照顧和保護，但傳統的父母卻是努力的讓男孩不要長大，等到讀完大學，卻又希望孩子立刻長大，能夠獨立。孩子幼齡化和延緩成熟其實是一段歷程，不過現在和群慧談這些已經為時太晚；但現在做些努力，總比再過五年或十年來得容易。

我遇到過無數求助的案例，都是孩子已經三十好幾了，卻還賴在家裡超過十年沒有工作。無所事事的成年男孩，他們的父母經常為了孩子應該工作而與孩子爭吵，甚至反目成仇，最後親子相殘或手足反目。

「這些我都懂，但如何讓孩子有動力去找工作呢？」

讓孩子了解父母的資助有「限額」和「期限」

孩子的生活沒有任何困難，只要伸手，父母就無限量的提供金錢供其花用，那誰還有意願去工作呢？我們在職場上辛苦、奮鬥是為了什麼？不就是一份責任嗎？

不工作，就沒有收入，也就無法維持家庭的開銷，這是多麼現實的問題，但孩子沒有這樣的經濟壓力，所以他就不會有動力。應該讓孩子了解父母的資助是有「限額」和「期限」的，並用「溫和及堅持」的態度，讓孩子勇於飛出父母的巢穴，獨立去面對和解決自己生活的問題。

「現在就是最好的時機！如果錯過了，就必須再承受更大的挑戰。」

從做臨時工或計時工開始，讓孩子享受因工作的付出，所得到微薄的報酬，激發孩子向上的潛能。

工作一小時才能買到一個便當，再工作一小時，才能賺到回家的車錢，誰還敢再輕率的耗費辛苦所得，浪費在短暫的「需求」和「享樂」上呢？

群慧的手機，是一款老舊、擁有單純通話功能的手機，為什麼不跟上流行，和孩子一樣用又「酷」又「炫」的手機呢？我們內心裡對價值的天平是怎樣形成的呢？

「我們都曾生活拮据和辛苦過。」群慧回應著我。

為什麼我們要剝奪孩子去經歷生活和生命的磨練權利呢？孩子已經長大，父母只要退場，他會為自己找到最好的出路，這是人性。這時「愛」的定義，就是不要再給予任何的保護和照顧。

放手吧，在這個多元的世界，要餓死一個人還真不容易。除非「他」賭氣要懲父母。把孩子看得很重要，在成長的每一個階段，都用心學習，了解他成長的需求，並給予最適切的協助。

每個人每一天都在學習

「沒有人一開始就會當父母，每個人都在學習。你現在就是在學習做一個成年人的父母。」

成年人的父母要學會把自己照顧好，讓自己能夠安心，不打擾和干預孩子面對和處理自己生命的問題。成年人的父母，能了解自己現在和未來的需求，而作為一個能獨立生活的父母，是不會依賴和討好孩子的。

成年人除了要學習面對自己和生命，更要接受工作和生活的種種考驗。父母可以協助孩子一些，但一定要保留大部分的工作讓他們獨力完成。

「孩子已經長大，父母也要跟著長大，別再停留在孩子是兒童時的父母。」

當孩子成年，父母就要退位，準備好自己空巢和晚年的生活。要有健康的身體，有足夠的資源，讓自己生活無虞，也要有自己的生活目標和重心，有各種不同需求的一群朋友，和一顆準備好經歷生離死別的心。

生命已經歷過高峰，正準備緩緩的下滑，這是人生的功課，沒有人可以避免。

從我們父母身上，我們看見了未來的我們，從孩子身上，我們看見過去的身影。沒有什麼遺憾，每個人都要為自己的生命負責。

「在子女成年之後，我們就該卸下教養的責任，把它還給孩子。」

「唉！」

群慧這一聲長嘆，表達了無數父母的難處。

說得容易，真正要面對，卻不知要從何著手，這就是學習的重要。多數的父母都很少注意到，父母要隨著孩子的發展，變更自己的角色和作為，通常都是孩子出現了狀況，父母才警覺到無所適從。

我們看著孩子長大，就會發現生命的奇妙，當孩子變成了父母，父母要從孩子身上再一次的檢視和反芻生命的經歷。沒有什麼是對或錯的標準答案，生命就是經歷以及再經歷。

「你選擇什麼，你就得到什麼！」

選擇之前，群慧必須先了解自己的期待是什麼。對待一個二十七歲、已成年的孩子，她期待「他」能夠獨立自主，為自己的生命和生活負責，當然，最好的情況是仍和父母保持著良好的互動關係。

「要怎樣做，才可以得到這樣的結果呢？」

群慧並不知道該怎麼做，但從另一個角度來看，我們就會發現我們要的答案。繼續給孩子周全的保護和照顧，繼續為孩子操心和擔心，繼續試圖指導孩子或為孩子鋪一條路走？如果我們這樣做，就得不到我們要的結果，所以答案不是已經很明確了嗎？

父母要勇敢的面對自己的成長

「盧老師，你可以跟我的孩子談一談嗎？」

當然可以，但有必要嗎？

從「復原力」理論的觀點來看，孩子是不需要協助的，「他」有能力面對和解決自己的問題，「他」會為自己的生命做最好的選擇和決定。

我的介入可以幫上什麼忙呢？從旁觀的角度，引導孩子認識自己現在的處境和角色。他已經成年，要為自己的生命盡力和負責，但我是父母找來的，而不是他認為需要的。我樂意和她的孩子談，但不是現在，而是當他自己提出這樣的需求時，我才有必要出現。

「當爸媽的要有信心，可以面對和處理眼前的困境和需要，更重要的，這是爸媽的功課，有什麼理由要假手他人代做功課呢？」

我們要孩子勇於面對自己生命的課題，父母卻不願勇敢的面對和承擔自己的成長課題，孩子會怎麼看待呢？「教養」的意思就是父母用生命在複製另一個生命，所以我們要複製畏怯和偷懶的態度給孩子嗎？如果是這樣，孩子就會繼續畏怯和偷懶。

「真正的專家不是在幫別人解決或承擔問題，而是協助當事人面對和勇於承擔自己的問題。」

我很樂意隨時提供必要的諮詢，因為分享自己和別人的故事，是我的樂趣所在，但我很清楚自己在群慧和她的孩子之間，只是個無關的路人。

「相信自己，只要踏出這一步。你會處理得很棒、很好的。」

人生的重建課
關於教養

孩子有什麼問題嗎？

什麼都沒有。

孩子的學習和長大需要不同的歷程，

只是我們問錯了問題，

如「孩子怎麼會這樣壞？」

或「孩子怎麼會這麼不懂事？」

以及「孩子怎麼又再犯了？」

你選擇問不好的問題，

孩子就給你不好的答案。

請選擇好的問題，如「發生這件事，我們和孩子可以學到什麼呢？」

或「這件事的發生，一定有原因，我們如何讓它成為孩子生命中的重要資產？」

你選擇的問題，決定你得到的答案和結果。
你要什麼樣的答案和結果呢？
就看你的選擇囉！

05 關於成功

真正的成功，是經過重重難關與考驗

我們滿意我們自己的這一生嗎？我們無悔於這一生的經歷嗎？如果是，那麼我們就是一個成功的人。

深受父親影響的孩子

嵐雄是我輔導的個案中，少數幾個會讀書的孩子，他的成長歷程充滿了大起大落的變數。

讀小學時，他是全校的模範生，國中成績也是名列前茅，可是他一直無法拚進全校前十名。有段期間，他突然鬆懈自己，故意讓自己掉到全班最後一名，還學會抽菸和吸食安非他命。他來到法院，沒有人能了解一個家庭健全，從小被捧在手掌心的孩子，為什麼會自我毀滅呢？

「一個人活著，不能稱王稱霸，獨領風騷，努力還有什麼意義？」

這是我在做個案調查時，嵐雄給我的答案。

每個人的內在都有個不平凡的期待，但有史以來，誰才是真正的英雄豪傑呢？

「西楚霸王項羽是我的偶像。」

轟轟烈烈的大幹一場，做不成皇帝，也不要屈就做人臣。在我的心目中，嵐雄是一個可以做大事的孩子，但如果沒有好好的輔導他，他的一生有可能被自己毀掉。

「這是很獨特的想法，是誰影響你的呢？」

嵐雄受祖父和爸爸的影響甚巨，他的名字也暗示他要做一個高高在上、獨傲一方的人。他的祖父受的是日式教育，從小就崇拜武士道，是國內數一數二的劍道高手，但他的爸爸卻屢次經商失敗，幾乎敗光所有家產。

我和嵐雄的爸爸有過幾次對話，他真的很有自己獨特的看法，也很懂得時代潮流和趨勢，可是為什麼沒有成功？

我的分析是他過於眼高手低，經商方向雖然對了，但要懂得循序漸進的累積成功的經驗，再趁時勢做大和發展，但嵐雄的爸爸一次就要稱霸，有時輸在資金不足，有時輸在用人不當，所以，他很不服氣的告訴我，如果還有機會，他仍然會再搏一搏。爸爸的想法深深影響著嵐雄，要做就要做第一，不然就不要玩。

「你在學校做不了第一，所以，你就不玩了。」

嵐雄看了我一眼，用認同的微笑回應我。

「你要做真正的第一，還是表面的第一？你要做長久的第一，還是只想一時稱雄？」

嵐雄是個絕頂聰明的孩子，要幫他不需要多費唇舌。你有辦法說服他，他就會重新站起來。

「一個人會成功，除了有明確目標，更重要的是，要懂得經營。」

在這樣一個短視近利的世界，我希望嵐雄能懂得做長遠和深度的投資。誰在某個專業的領域投資最多，誰就是未來真正的贏家。要做，就做真正的英雄，稱帝為王，何必做一個悲劇般的英雄呢？

由於嵐雄的聰明，再加上他早先累積的實力，待他重新回到學校的正軌，他不負眾望，考上了第一志願的高中。讀高中時，他意氣風發，又愛表現，雖然在學校的成績沒有很出色，但在社團和科展上的表現卻很亮眼，這也讓他考上了第一志願的大學，後來有幾年，我都沒有他的音訊。我相信以他的聰明，只要肯付出和努力，要在某個專業領域出人頭地是很有機會的，我也很好奇嵐雄這樣一個獨特的孩子，未來的表現會怎麼樣呢？

封閉自己，事情永遠無法解決

好幾年之後，有一天，嵐雄的媽媽打電話向我求助。她告知我嵐雄把自己關在房間裡好幾個月了，他拒絕與家人，甚至任何人接觸和溝通。他的媽媽有些擔心，於是來找我幫忙。

從嵐雄媽媽口中，我得知嵐雄大學過得很風光，不但是學校辯論隊的隊長，還參加各種學生的國際交流。他大學畢業，服完兵役，取得美國第一流大學的研究所入學許可，但爸媽不知道他在美國是怎麼過的，有一天突然打電話說要回來，一回來，就把自己關起來幾個月，還經常聽到他捶牆和怒吼。嵐雄的爸媽想關心他，他卻都毫不理睬。

「只有盧老師能救他了。」

距離我上次見到嵐雄，大概有十年了。我不敢承諾能幫上什麼忙。我向媽媽要了嵐雄的一些資料，上網想查些蛛絲馬跡，但一無所獲。我不想在毫無準備的情況下貿然拜訪嵐雄，因為沒有做好準備，貿然的見面，可能把未來協助嵐雄的路都給斷了。

後來我透過網路，找到了嵐雄在大學的一些活動資料，他曾經在全國大學辯論總冠軍賽中敗北。他當時是隊長，應該負起成敗責任，所以他揚言在活動中心的大樓頂，做個英雄式的了斷，但結局卻出人意表，因為他的宣告是貼在公布欄和網站上，當時嵐雄發表的短文內容是：「賣命為校爭光不成，要做悲劇英雄也沒人要看！」他的貼文沒有幾篇回應，但其中一篇卻很有意思，內容是：「學校獎杯太多了，不差你這個！得了冠軍又怎樣，爽過就好！」

在網路上，我也找到嵐雄之前用過的信箱，我試著發一封e-mail給嵐雄，希望在跟他見面之前，能有一些對話，也多了解一點他的近況。

我的信沒有任何多餘的文字，我只寫下了西楚霸王的〈垓下歌〉：

力拔山兮氣蓋世，
時不利兮騅不逝。
騅不逝兮可奈何！
虞兮虞兮奈若何！
我心中的霸王今何在？

信寄出去好幾天，都沒有回應，我推測他大概沒收到這封信。正當我準備放棄時，卻意外的收到嵐雄的回信。如我所料，他滿懷壯志的想取得學位，卻在學位考試時受到挫敗。

他在回信中告訴我，天要亡他，他那麼努力卻得不到應有的回報，他一生的努力和期望都毀了。

生命中最大的成就是，在挫敗中繼續奮鬥

嵐雄到美國一流的大學就讀，他一心一意要在限期內拿到博士學位，但在攻讀學位考試的過程裡，他遇到了無法預期和理解的挫敗，他失去繼續拿學位的資格。他覺得人生十分茫然，不知道該如何面對父母和這個世界。

「如果西楚霸王得天下，今何在呢？」

「得到博士學位，人生就算成功了嗎？沒有得到學位的人，一輩子就註定黑暗嗎？」

生命中最大的成就是在挫敗中仍繼續奮鬥，反敗為勝。以嵐雄的才智和聰明，他只要肯努力付出，就一定會有所收穫，但我比較關心的是，嵐雄要把自己帶往哪裡呢？

「人生如果還有機會和選擇，你要什麼呢？」

我講到我自己的經驗。我大學聯考共經歷了六年四次的失敗，那時我常一個人跑到我讀書的山上，望著山下芸芸眾生。我心裡感到悲憤，因為我一再的挫敗，當時天空突然打了一個晴天大雷，我以為大地會瞬間風雲變色，結果什麼也沒有，這個世

界依然平靜。隔年我考上了大學，再度登山，原以為這個世界該為我慶祝和狂賀，但依然什麼也沒有，我好失望。

嵐雄沒有通過博士學位的考試，這麼重大的事件該引起大眾的注意，但有嗎？

「老師，別說笑了，我沒有那麼重要，即使拿到學位也不算什麼大事。」

「什麼是大事呢？什麼事值得你放棄生命的所有努力，把自己封閉起來呢？」

嵐雄在自我封閉裡，其實也想了許多事。他想如果拿到學位，能幸運的找到一份教職，那又怎樣呢？大學教授有幾個是有影響力和知名度的呢？如果拿到學位，他卻還是個小人物，要在這個世界有一席之地是很不容易的，如果成不了一方霸主，那人生還有什麼值得努力的價值呢？他想過要像西楚霸王一樣刎頸自殺，只是項羽死了，留下了千古英雄的追思，他死了，會留下什麼呢？他很困惑，他找不到努力的方向和動力。

「定義」屬於你的成功

「不要在亮的地方點燈，要在暗處裡做一盞永續發光的蠟燭，光雖然小，但可以給在黑暗角落的人一絲希望和一輩子的溫暖。」

這是我父親臨終的遺言，我終生謹記和奉行。

在公職體系十餘年，我沒有升過任何職位。在同一個位子坐了二十幾年，我也像嵐雄一樣，曾有飛黃騰達，做一世英雄的夢想，但後來我放棄了，我甘心做一個平凡的小人物，做生命中最簡單和最容易的基層工作。

「為什麼？做名人和大人物，才可以做大事！」

這是迷思。我喜歡歷史，而有多少帝王和名將名臣，他們一生努力征戰和苦心經營，為了得利或得名，但最後呢？從長遠和宏觀的角度來看，他們又有什麼貢獻呢？最偉大和最輝煌的帝王只留下古蹟和歷史的文字記載，那又怎樣呢？當今檯面上這些風雲人物，又過著什麼樣的生活？他們其實和我們一樣平凡，並沒有太大的差異。如果有形的成功和沒有成功的人差異不是那麼大，又何必在乎眼前的成敗呢？一個人該追求的，是做一個真正成功的人。

「什麼是真正成功的人呢？」

一個能為自己負責，不畏懼困難和失敗，堅持自己的理想，永不放棄的人。真正的成功不是要做給別人看，或得到別人的賞識，而是為自己的生命留下豐富和精采的故事。

「『真正的成功』是做自己想要做的事，堅持到底，直到完成為止。」

生命是個歷程，真正對我們有意義和價值的是我們對自己的觀感。我們滿意我們自己的這一生嗎？我們無悔於這一生的經歷嗎？如果是，那麼我們就是一個成功的人。

奮力走出自己的監獄

「嵐雄，你滿意你自己現在的一切嗎？明年或三年、五年後，你再回顧此時此刻，你會無怨無悔嗎？」

嵐雄毫不考慮的搖搖頭，但他一臉茫然。他不滿意他自己，但也不知道自己該怎麼做，才可以讓自己滿意。

我回顧他從迷失的青少年找回自己的歷程，當他考上第一志願的學校，他滿意他自己嗎？當他很努力地考上第一志願的大學，畢業並取得美國名校的入學許可，他滿意他自己嗎？當他一個人在美國勤奮讀書，克服種種困難，他滿意他自己嗎？

他唯一小小的缺憾，就是他沒有如預期的通過學位考試而已。他一再的檢討自己的失敗，我建議他倒不如把這次的失敗，當成再一次挑戰自己的跳板，讓自己向自己的目標挑戰。

如果拿博士學位在嵐雄的生命裡是一件重要的事，那麼他就應該給自己再一次的機會。以他的努力和累積的資源，要考取國內或國外任何一所學校的博士班都非難事，為什麼要因為這麼一件不如期待的意外，就放棄生命裡所有的機會和選擇呢？

「我知道該怎麼做了。」

幾個月後，我收到嵐雄的信。他告訴我，他考取了博士班，也順利的找到了研究助理的工作。

「不求飛黃騰達，做蓋世英雄，但求平實和希望的人生。」

我很高興嵐雄的轉變。他在信裡告訴我，當他回顧自我封閉的那段時間，他一直給自己找許多理由和藉口，其實他是害怕自己會再失敗。

他坦承他害怕吃苦和付出，如今他走出了自己的監獄，他很感謝我的幫助，但更重要的是他該感謝他自己，感謝自己給自己一個新的選擇，讓自己再度見到生命的陽光。

我祝福嵐雄，願他珍惜生命裡的所有恩典和禮物。沒有人是失敗者，除非我們放棄給自己任何選擇。

人生的重建課

關於成功

把自己封閉起來，
誰會好過呢？
我們沒有足夠的勇氣面對人生的考驗，
我們就懲罰自己，
讓周遭的人跟著我們痛苦。
不負責任的生命，
還可能選擇毀滅自己，

懲罰未如我們意的人。
我們有太多的選擇，
我不懂，
為什麼總有人選擇的是折磨自己，
也讓別人難過呢？
聰明的你，
要選擇什麼呢？

06 關於行動力

為什麼我們「知道」，卻「做不到」？

人性是充滿惰性的，沒有到決死關頭，是不會使盡全力來付出，但有智慧的人，並不是把自己逼到谷底才努力，而是預見自己不努力的未來，將是沮喪、絕望，被眾人唾棄，若等到喪失所有資源才覺悟，那時通常年歲已長，時機也已過了。

無論風光或失敗，都是累積生命的資產

凱雄是一家保險公司的理財業務人員。有一次，他聽我演講十分感動，在會後來找我，希望我能協助他，找到努力的方向和動力。

他是台灣第一流大學的畢業生，幾經換職，最後在做保險業務員。他的同學不是博士，就是在大公司擔任重要職位。他不知道自己人生的未來在哪裡，他沒有什麼動力，覺得做這份工作是不得已的選擇。

「從事保險業務人員，有什麼不好呢？」

自己當老闆，自己決定的工作時間和工作形態，要有多少收入，也由自己決定，這有什麼不好呢？凱雄以為我不了解他的狀況，特別強調他的同學如果知道他在拉保險，一定會笑他，而且他還只是基層的業務人員，他的同學如果在金融界，都已經是經理了，所以他是個失敗者。

「做這份工作，你比其他人擁有更多的優勢，你難道不了解嗎？」

凱雄因為之前的工作都不順遂，走投無路，才屈身做保險業務員。他都不敢和同學聚會和聯絡，也不敢讓親友知道他的工作。他擁有的優勢和人脈，一點都用不上。

「凱雄，你認為保險是一份什麼樣的工作呢？」

凱雄支支吾吾的說了一些，但都是他職場上慣用的術語，像是什麼理財專家、財務規劃、風險管理等等。

他做不好這份工作是有原因的，因為連他自己都無法說服自己，認同自己工作的價值，他又該如何說服他的顧客呢？

「你有兩個選擇，一個是留下來重新學習，熱愛你的工作，並且下定決心成為這個行業的頂尖高手；另一個是去重新選擇你喜歡和認同的工作，不是每個人都適合做保險業務員。」

凱雄不知該如何回答我，他就是沒有其他選擇，但為了有一份收入，迫於無奈，才會來做這份工作。他的生命曾經如此驕傲和亮麗，但因一連串的不順遂，中年失業，一無所有，為了家庭和孩子，他才做了自己都不認同的工作。

「如果你每個月都有一百萬的收入，你會如何看待這份工作？你的親朋好友又會如何看你呢？」

凱雄苦笑的看著我。現在的他連兩萬元月薪都達不到，更別說月收入一百萬了，他過去不曾有過，未來更不可能，但如果真的有可能呢？

凱雄哈哈大笑，他說會一掃過去的陰霾，重新抬頭挺胸的走出去。

職業、職位和頭銜都代表不了什麼，一個人無論風光或失敗，其實都是在累積生命的資產。懂得善用資產的人，就可以反敗為勝。

不只是「要」，而是「一定要」

凱雄目前心中最大的敵人是他自己。

他原本要和我交換名片，但拿在手上的名片，卻怯怯的不敢拿出來。

「給我你的名片。」

他名片上的頭銜是理財顧問，我卻把理財兩字用筆塗掉。

「凱雄，你現在是這家公司的顧問，你的目標是月收入百萬，你只要專注於想想看要如何做到，而不是恐懼和害怕再失敗。」

顧問是個可大可小的職稱，我希望凱雄拿著這樣的名片，勇敢的去拜訪最有潛力的顧客，例如他高中和大學的同學，他們若不是企業的負責人，就是高階主管，凱雄也曾擔任過高階主管和老闆，所以他的朋友們會相信他這個顧問一定非同小可。

我希望他把目標鎖定在金字塔頂端、千萬級的客戶，要不就向公司申請企業團保的專案，放掉那些小魚小蝦。但別急著出發，花點時間把必要的功課做好。

「這些我都知道。」

凱雄一副不以為然的模樣，他告訴我更多他的創意和想法。

他的眼神閃爍著過去曾經有過的自信、光彩，他的確有著過人、獨到的想法，但為什麼他沒有成功呢？為什麼他會淪落到今天的局面呢？

我接觸過許多像凱雄這樣特質的人，他們自視很高，最後卻往往高不成低不就。他們不肯為自己的目標堅持和努力，所以光是「知道」要堅持和努力是沒有用的，如果沒有決心和行動力，最後又會回到原點。

凱雄已經四十歲了，我遲疑著是否該給他重重的一擊，好讓他覺醒，他已經快沒有機會再荒廢自己了。

他一出生就贏在起跑點上，學業一路順利，就以為自己是社會的菁英和人才，其實他只是幸運，他優勢的能力，正好符合教育制度的期待，他記憶力強、理解力好，但一個人的成就是來自於善用自己的優勢資產，在對的位置上，做最大的付出和努力。

「凱雄，你要讓自己過這種哀怨的生活，過多久呢？」

「你一直都只想要成功，這次也只是想像而已嗎？」

凱雄不僅事業一事無成，連婚姻都是失敗的，我很希望能幫上一點忙，但我知道，關鍵絕不是我，而是凱雄自己。

他有成功的種種優勢和條件，但沒有執行力和行動力，所以想法就只停留在想法而已。許多浮沈在成功邊緣的人，都是自以為是，認為自己的成功不需要努力和堅持。他們缺乏的不是知識，而是毅力和決心。

「我幫不上你的忙，你的成功與否得由你自己決定。」

我講的這些，凱雄都知道，他是一流大學財經系的高材生。

永遠套在泳圈裡的人，學不會游泳

「凱雄，你認為我可以協助你什麼呢？」

凱雄覺得自己都知道，但他就是一點動力都沒有。

改變是需要決心的，決心來自不改變便無法生存的危機。永遠套在泳圈裡的人，是學不會游泳的。

凱雄的家境很好，父母有許多房產，不工作，光靠爸媽的房租收入，也還可以生活得很好，他幾次都因一時衝動想換職，但賣掉父母好幾間房子，卻又都創業未成，賦閒在家，後來迫於家人的壓力，只好勉強出來工作。他尚未到達痛苦的谷底，我想他是不會有動力全力以赴的往上爬。

「當你繼續揮霍父母的產業，直到一無所有，你就會有動力了。」

「繼續做一個靠爸、靠媽的男人吧。」

我專注的看著凱雄，他有點不悅，這是他隱藏許久的痛。

他是家中的長子，受到父母最大的期待，卻是讓父母擔心、弟妹看不起的人，他心裡雖然不舒服，但也沒有生氣，只是長長的嘆一口氣。

「我也想有一番作為，好揚眉吐氣啊。」

我繼續用言語激著凱雄，因為我發現他仍然沒有決心，他只是「想」，而不是「一定要」。

「我幫不上你什麼忙。」

我整理我的公事包，準備走人。

當一隻搏命的兔子

「我要成功！」

凱雄似乎有一點決心了，但他是「要」，還是「一定要」呢？

我的父親生前常對我說「狐狸追兔子」的故事。一隻不是很餓的狐狸，偶然看見一隻從眼前經過的兔子，牠就起身急追，這隻狐狸最後沒追到兔子，因為牠還沒有餓到快死掉，但兔子卻是在逃命。

我的父親告訴我，做事情，沒有搏命的精神，全力以赴的投入，是不可能成功的。人性是充滿惰性的，沒有到決死關頭，是不會使盡全力來付出，但有智慧的人，並不是把自己逼到谷底才努力，而是預見自己不努力的未來，將是沮喪、絕望，被眾人唾棄，若等到喪失所有資源才覺悟，那時通常年歲已長，時機也已過了。

「為時已晚啊！凱雄，你是個人才，你還有很美好的未來。」

凱雄的口頭禪又來了。「這個我知道，但是……」

我告訴凱雄，我不是狐狸，我是搏命的兔子，正在和流逝的生命競速。如果他只是來找我聊聊的人，我們可以結束談話了。

「再給我一次機會！我真的，真的，很想要有所作為！」

凱雄似乎急了，很難得有人可以激起他的鬥志。我其實也擔心一個原本可能幫到他的機會，就要消逝了。

「你，凱雄，要成功很難！因為你還是一隻只是有點餓的狐狸，所以追不到眼前的兔子。」

既然明知追不到就別白費力氣了，繼續在樹下睡覺吧，等真正餓了，再來找他要的獵物。

「我不要，我不要！」

一個男人會流下眼淚，表示他真的準備要全力以赴，要開始搏命去追求自己要的一切。

「很好，立下明確的目標，你這個月要有多少的業績？要如何做到？」

凱雄這次真的有點決心了，好！就定一百萬！我用一張白紙寫下我的月目標「壹仟萬圓整」的大寫國字。

凱雄看傻了眼，他表示這不可能，全處最厲害的業務員也做不到。

「你不可以做不到！因為你是總公司的首席顧問。」

一個人要有搏命的精神。如果是獵捕一隻猛獅，我們就會全力以赴，專注的接受挑戰，因為如果做不到，我們很可能就會被吃掉。

「決心！凱雄，你唯一缺乏的就是決心，給自己的未來一次永遠驕傲的成功經驗吧！」

全力一搏，一個成功挑戰不可能任務的人，只要成功過一次，他的人生就不會再有難題。沒有任何妥協的餘地，就是這個月。

「可是……從明年開始好了。」

寫下「自己要成功的二十一個理由」

凱雄和大部分未成功的人一樣，總是在目標前找藉口，總是在找不能做到的理由。

「如果你不只是想，而是一定要做到。告訴我，怎樣可以做到呢？」

一千萬業績也沒有什麼不可能，凱雄喃喃自語。

之前他就有一張成功藍圖，目標就是每個月達成千萬業績的計畫，但為什麼不去做呢？

「因為……因為……」

給失敗找理由的人會繼續失敗，給自己未來的成功找到理由吧。

我給凱雄一份作業，要他在今天十二點之前寄給我，這份作業是：他為什麼要成功的二十一個理由。

「為什麼要成功？因為……」

凱雄連第一個理由都支吾了半天，怎麼可能成功呢？一個人無法說服自己，那他還可以說服誰給他機會成功呢？

「下定決心，專注的找出自己一定要成功的理由！」

凱雄看起來已經和剛剛不一樣了，他進入了他的內心世界，他在為他的成功找到最好的理由。但他還是不肯付諸行動，我知道我不會收到他的信，如果收到，也可能是寫不出來的理由。

「成功者是萬中取一。其他人都只是羨慕別人的成功，你要什麼呢？」

我們要什麼？誰可以幫我們選擇呢？

知道，但卻做不到，誰也幫不了我們。決心、毅力、勇氣、堅持到底、永不放棄，給自己的生命一次成功的機會。

成功過的生命，就不會再後退。嘗過成功滋味的人，誰願意再回到失敗的泥淖中呢？

我只能默默祝福凱雄，卻幫不了他什麼忙。

人生的重建課
關於行動力

「知道」有什麼價值呢？
誰都知道百分之一的天賦，
加上九十九分的努力，
才能夠成為真正的天才，
但只有百分之一的人會有行動力和執行力。
這些百分之一的人佔據了百分之五十的財富，
這也沒有什麼不對，
因為他們勇於投資自己。

只要有一丁點機會，
他們就會全力以赴，堅持到底的努力。
你選擇成為那個「一」，
還是其餘的九十九呢？
誰能為你改寫命運呢？

07 關於正向、積極

一再練習，讓正向、積極成為生活態度

如果我們一直企圖要改變另一半，我相信這樣的婚姻就會很容易觸礁。我們要相信，我們的另一半一直很棒、很好，只是我們還未找到一個良好互動的模式。

不斷重複練習的生命技巧

有一次參加教會的活動，牧師告訴我，不要為明天而擔憂，上帝的恩典一定夠你使用，祂已經把你需要的一切都準備好，在你的旅途上，會有許許多多用不完的恩

典和禮物。

我不是基督徒，不是很懂這些道理，但我謹記牧師的話，時時提醒自己，要很正向積極的面對所有的困難和挫折。

我相信，恩典和禮物一定會一再的出現。

我在演講會場上，也一再的分享這些生命的經驗，因為希望每個人都能和我一樣幸運，生命充滿著恩典和禮物。

有一次，有位老師琇雯聽完我的演講，分享她的心得。

「盧老師，你講得很好，我都認同你的分享，但知道卻做不到。」

大部分人都是如此，以前的我也是，但幾年前我改變態度，讓自己不斷重複的練習這些技巧，直到正向、積極的態度成為我生命的一部分為止。

聽到我的說明，這位琇雯老師嘆了長長的一口氣。

「這些都只能維持三天的熱度，只要孩子或學生出些意想不到的狀況，所有的一切都會破功，又回到老樣子。」

遠離生活裡的負面陰影

誰不是這樣呢？所以，我並沒有強調我在生活上都做到了，我只是分享我練習的經驗，只要一再的練習，我們的生命就會愈來愈遠離負面的陰影。

「學習祝福自己，學習讓自己好過。」

只要我們懂得祝福自己，讓自己好過，我們就不容易拿這個世界的不夠好和別人不如我們的期待來懲罰自己，我們就會有一顆接受和祝福的心來看待全世界，那就是這個世界一直都很好，只是和我們的期待有些不一樣。

琇雯在國中教書，她覺得學生很難管，也很難教。

「那麼老師好教嗎？身為老師的人要改變容易嗎？」

這是我的自省心得，我覺得我自己的改變都要一再的去學習和練習了。孩子才十幾歲，怎麼可能有我的老練呢？光教一次，他們就能領會和改變的話，那這些孩子應該是聖賢了。

我到過兩千多所學校演講，經常遇到的教師研習的場景是：一群老師躲在場地的最後一排，聊天和做自己的事，直到演講到有趣和感人的地方，這些老師才會賞臉的抬起頭。

這些我都可以了解和諒解，因為平常老師的研習，都是一些政令和政策的宣導，既枯燥又乏味，所以老師們都習慣躲在後面，避免要假裝認真聽的壓力，而如果實在聽不下去，坐在後排要溜，也比較方便，這是人之常情。

但只要我一想到我是一個將要以生命影響另一群生命的老師，便會在出席的演講上，選擇坐在前面的位置。我知道如果我是個逃避和畏縮的老師，那麼我就教不出積極、主動的孩子。當然，我也喜歡坐在會場的後頭，看自己的書和做自己的事，但我是老師，我希望教導我的學生和孩子時，能坦蕩蕩的告訴他們，我做到了。

「老師不是一般人，老師的生命即將複製和影響另一群生命。」

一再練習，正向、積極的信念

我沒有特別的情操和品格，要學生做我做不到的事，但我都能諒解老師和學生逃避學習的習慣，因為我也會如此，只是我一旦警覺到自己角色的重要，就不得不勉強自己去練習和做到。

因為，如果我期待孩子用什麼態度去面對他們的生命，而我自己卻經常做不到，那麼我就會怯於要求和教導孩子，尤其我手上的孩子又特別敏感。

他們看到你的付出，有時並不會特別感動，因為他們認為你是老師，原本就應該做到這些，但如果你有一兩樣疏忽、未做到，他們卻會終生謹記，甚至拿來作為自己做不到的擋箭牌，這樣，我們要教他們，豈不是更困難？如果當老師的人沒有熱忱要學習和自我提升，其實很難帶動孩子的熱情。

「當老師很難喔！」

是啊，本來就是這樣，所以，我從不敢告訴別人我是一個老師。我常對學生宣示，我是一個學習中的老師，我和學生一樣，都還在學習。因為定位是學習中的老師，我們就要努力，把學習到和知道的用最大的努力去練習。

知識的價值在於實踐，做得到的道理才是寶。我期待自己有一天能很自然的祝福自己和讓自己好過。

「每一天，每一刻，都有歡喜。即使知道自己就要離開人間了，也要給自己祝福，讓自己好過。」

我周遭有許多親友，有因意外喪生的，也有因病去世的，我相信這一天也會降臨到我身上，雖然誰都希望自己能灑脫和自在的面對，但想起來容易，一旦身有病痛和禍亂臨身，我們經常忘記自己之前給自己的承諾。之所以要在平日，練習再練習自己正向、積極的信念，正是因為要更努力讓自己有堅強的意志，以接受生命的種種考驗。

「當老師真的很不容易。我期待有一天，能給孩子一個好典範。」

找到與另一半良好互動的模式

琇雯談到她和先生的婚姻關係，表面上看起來都還好。她的先生是學校的行政人員，但回到家，夫妻倆卻很少坐下來好好聊聊。她的婚姻沒有什麼大的風波，只是淡而無味，愈來愈無趣。

我聽完哈哈大笑，因為我在演講中曾經講到，我在婚姻初期，不知道要把耳朵借給太太，所以常常讓太太不高興。

男性和女性在人際互動的模式和需求上有很大的不同，男性講話喜歡講重點，不喜歡閒扯，所以，和另一半溝通，常會顯得沒耐心讓太太把話講完。

女性如果感覺不對盤，她就不舒服，也就很難再互動。

琇雯想多知道一點，她要怎麼樣才能和先生多些互動呢？

男人的習性喜歡教別人，不喜歡被教，所以我建議她多找機會去請教她的先生。

另外，男人還期待別人需要他和賞識他，所以多注意到先生的付出，並經常給予高度的肯定和賞識。

最後，還要學會對男人的「面孔管理」，當男人心情不好，他們的臉色就會沈下來，不講話，所以要給男人足夠的時間和自己對話。

聰明的女人要懂得隨先生的情緒起舞，他不高興時，別和他唱反調，順著他罵兩句，他才會自覺自己情緒上的失控。

「男人很難相處。」

琇雯有感而發，這是事實，但如果不懂女性的需求，不知道要用心注意到女性敏感的情緒，許多男人在碰了釘子之後，就會開始躲在自己的世界裡。

男女相處是需要學習的，我們都不懂得另一半，是因為有緣才在一起，才有機會相互學習和成長。

如果我們一直企圖要改變另一半，我相信這樣的婚姻就會很容易觸礁。我們要相信，我們的另一半一直很棒、很好，只是我們還未找到一個良好互動的模式。

「每一個婚姻都是上帝賜予的恩典和禮物。」

琇雯馬上否定我的說法。她來自單親家庭，小時候目睹過家暴，造成她婚後的許多陰影。她還算是幸運，先生不高興時，就一個人出去散步或關在書房裡，但她的原生家庭就非如此了。

她的媽媽常是爸爸挫敗的出氣筒，她的媽媽也總認為這是在還債，還完了，她就自由了，只是她的媽媽沒有撐到債還完，就自殺死了。

琇雯覺得有人很幸運，另一半是來報恩的；有人很不幸，因為另一半是來討債的。

「你認為自己的婚姻是債務還是祝福？」

琇雯毫不猶豫的答案，讓我有些震驚。

「債務，因為婚姻沒有讓我快樂。」

人生，不可能事事順遂

我深深嘆了一口氣，琇雯真的生活得很辛苦。她看不見恩典，把自己擁有的一切，都視為理所當然。她的先生的確不如她的期待，但她的先生又何嘗好過呢？

婚姻是學習，也是成長，是彼此相互珍惜和祝福的歷程。但琇雯認定在婚姻中，她是個奉獻者和犧牲者，只是她的先生就一定是享受者和壓榨者嗎？

我見過太多類似的個案。琇雯的先生認為自己也是個還債的人，他認為是前世欠了琇雯，這世才來受苦。

「琇雯，你想用最快的時間還完債，做一個幸福和快樂的人嗎？」

「任何一個人都應該趕快把債還光，還債是一件無奈和辛苦的事。」琇雯睜大眼睛，期待我給她的答案。

我思索著該如何讓她了解，她的幸福早已到位，她可以一直都很快樂。我引用了一位牧師的話：「平安喜樂不是應得的，它是上帝賜給的恩典，如果我們不懂得感恩和珍惜，便會福盡禍來。」

每一次我們辦活動，都認為事事順遂是理所當然的；但事實絕非如此，每次活動都會有超乎預期的事發生，但這不是麻煩，而是學習和提升的機會。

一天的開始，我都習慣祝福自己，這是充實和美好的一天。我相信任何事情的發生，都是有原因的，而且都是上帝最好的安排。

一天結束時，我睡前都會感恩這一天的經過、所有緣遇的人和事。一切都是如此的巧妙和神奇，不愉快和愉快，都是生命中的一份存款，我感恩所有的一切。

琇雯不是很了解我所說的，她的先生雖然沒有帶給她預期的喜樂，但往好處想，因為有婚姻，生活多了個伴侶和依靠；因為有婚姻，才知道和另一個人親密生活的不容易；因為有婚姻，我們有機會學習做父母；因為有婚姻，生活就有忙碌和成長。

「往好處想，你的先生還有什麼好的呢？」

學習感恩，沒有任何人的付出是應該的

琇雯原先不願意多談，她認為先生所做的都是應該的，她不需要珍惜和感

恩。

我請她開始練習，去設想先生的付出和努力，以及孩子帶來的恩典和禮物。

不是先生難相處，而是琇雯不知道如何和先生建立親密關係。

琇雯的原生家庭沒有很好的學習典範，她必須從簡單的開始做起，否則她留下的債務，孩子一輩子都無法幫她還完。

先生難相處，是因為我們不懂得祝福自己，讓自己好過，只斤斤計較自己的付出，看不見別人的努力。

「感恩你的先生。他期待你懂他已經很久了。」

和男性溝通時，很簡單的技巧是，製造許多機會讓他付出和服務，並用力的給他感謝和賞識，以及依靠他、需要他，否則男人會認為自己一無是處，並退縮和封閉自己。

學習感恩發生的一切，我們就可以看見恩典。

當然我們也可以拒絕改變，選擇過哀怨的生活。

人生的重建課
關於正向、積極

一切都是最好的「恩典」。
你可能會不以為然，
認為那是因為我運氣好。
是這樣嗎？
如果你有讀過《看見自己的天才》，
你就會了解我的爸媽和姐姐，
為我流過多少眼淚。
如果你了解我自己在專業上的付出和努力，
你就會相信一切的恩典，
都來自信念，以及付出和努力。

創造自己生命的恩典，
選擇給自己的生命再一次的成功機會。

08 關於輸贏

「贏」過別人，不該是人生目標

我們一生的努力，一直期待贏過別人，但事實上，我們每個人的目的地都不一樣。

抱持老二哲學的孩子

冠智是我幾年前輔導過的孩子，他的家庭健全，各項表現也都穩定良好，但因一時好奇，接觸毒品而觸法。

他國小成績很好，因為媽媽是小學老師，給他安排了最好的老師，他跟著一群喜歡讀書的同學，很自然的也喜歡讀書。

上了國中，他接觸到比較多不一樣的同學，剛開始，他和這些會抽菸、喜歡惹麻煩的同學保持距離，但他的功課在國中一直不上不下。

他很懊惱自己很努力，卻拚不進前十名。他無法融入這些優秀的同學之中，和後段班的同學也不熟，所以他常覺得自己像是個透明人，難以引起別人的注意。在班上，他各項表現都平平，沒有什麼特別傑出和優異。

他前面有成績更好的同學，身後是表現差和出問題的同學。

他還常覺得自己是雙面人，偶爾像個乖孩子，偶爾也潛藏在別人背後做一些壞事，但因為他沒有特別惡劣，連做壞事時，學務處的老師都會輕輕略過他，直到吸毒事件爆發之前，他都未曾引人注意。

「冠智，你怎麼會在這？好奇怪喔！你一定只是在旁邊看，沒有吸對不對？」

在驗尿結果沒出來之前，老師都認為他沒有涉及吸毒事件，等到結果出來是陽性，老師還幫他說話。

在法庭上，他很不起眼的躲在那些大咖的後面，被輕輕的裁定假日生活輔導。

我對他的印象很薄弱，不過卻在快執行完假日生活輔導時，出了一點狀況。

在戶外資源回收活動中，他竟然帶頭，躲在禁菸的紙類回收區內抽菸，這將原本可以提前結束的假日生活輔導，延長到十次。

「冠智，我可不可以有這個機會多了解一點你的想法？」

冠智剛開始並不想多說，後來他有點耐不住的告訴我。

「我不想一直都做癟三。」

「癟三是什麼意思呢？」

冠智告訴我，他一直都抱持著老二哲學，成績拚不了第一等，做壞事也不要搶第一，因為第一通常最容易被揭發，死得最快。

心底深處潛藏的渴望

在這次資源回收的活動中，有幾位他們同校的同學，活動結束時，大家起鬨，要慶祝一下，做一點不一樣的事。這些同學在學校很愛出風頭，但還不是帶頭的角色。

他們嘲笑冠智，每次都躲在女生的裙子裡，功課也輸女生，連這次吸毒事件，提供毒品被判得最重的也是女生。

這些同學嘲笑他什麼時候可以做點帶種的事，冠智原本也沒打算違規，但在同學的言語刺激下，他就把藏在腰包的菸拿出來給大家抽，這原本是件小事，但他們之中有人把菸蒂彈到廢紙堆，引起了一場小火災。

為了給這些孩子一點警惕，法官特別簽分了新案，要以公共危險罪辦這幾個違規的孩子。公共危險罪是可大可小的案件，所幸及時撲滅，如果冠智是蓄意的，而且不知悔改，也有可能會被裁定感化教育。

在個案調查時，我特別想要了解他的動機和想法。當然，他受制於當時的情境，並非故意要再觸法，這個事件讓他潛藏的要當英雄、要讓同儕另眼相看的期望爆發出來。

他不想再做一個像空氣一樣，不受人重視的角色，他一定要做幾件讓大家刮目相看的事。

「當一個殺人魔？還是變態狂？還是超級強盜或小偷呢？」

想要出名引起別人注意有什麼難的？隨便找把刀，沿街亂砍，或者在街上赤裸狂奔也行，媒體會馬上包圍冠智的家，讓他們全家沒有人敢出門。

我故意誇張的猜測冠智的潛在意圖。事實上，他只想引起別人的注意和得到別人的掌聲，這沒什麼不好。

勇於參與，人生才會精采

運動選手辛苦的努力，只有一個簡單的目標，就是要在運動場上奪冠，得金牌，並贏得眾人的歡呼，但大部分的選手一輩子的心血和努力，最後都付之一炬，沒有獎牌，也沒有掌聲，只有少數選手能夠奪冠，當然，也沒有人能夠一直贏。一時的風光，最後都會歸於沈寂，再怎麼璀璨，也不免平凡和寂靜，因為大部分的人在大部分的時間都是平凡和平淡的。

「人這樣活著有意義、有價值嗎？」

賽車選手冒著生命的危險，去爭取千萬分之一贏的機會，最後一定會有一個人高舉著冠軍杯，興奮的噴灑香檳酒，但其他人的努力和人生就沒有意義和價值了嗎？即使沒有得獎，至少我們有勇於參與，人生不會留白。

媒體每隔一段時間，就有重大議題出現，但除了政治事件，大部分都和治安有關，那些逞一時之快，殺人、強盜、強姦的人是英雄嗎？媒體血腥的挖掘和重複的報導，連當事人的小學老師或同學都會被牽連，冠智要這樣做嗎？當然在理智上，我們不會去傷害別人來成就自己，但有多少人不知道自己真正要的是什麼，只是不甘心於平凡，不願做一個沒沒無聞、不受重視的人。

每個人的內在都有一個不平凡的渴望，都期待自己是個救世主，能夠主宰一切，操控別人的命運，但沒有多少人了解，我們不需要任何偉大的力量，我們只須懂自己，做自己生命的主人。

了解自己的目標，並累積實力

我們一生的努力，一直期待贏過別人，其實我們只需要學習與自己相處，超越自己的紛擾和不安。我們不需要贏，因為沒有人在和我們競賽，就像在高速公路上，我們都以為有車在和我們競速，一直要超越我們，於是我們加足油門，只要一贏過別人的車子，我們就很得意，但事實上，我們每個人的目的地都不一樣，「贏」和「超越」都只是短暫的幻覺。

我很想教導冠智了解這些，但一個十幾歲的青少年，生命正充滿著躍動不止的各種驅力，即使講再多，恐怕他也難以體會。

「別為難自己，也別製造問題給別人。」

我希望給冠智一個能夠遵循的實用原則，隨時提醒自己，別讓自己陷入了自己製造出來的難題。追尋生命的成就是很好的，但如果是急切地想成就什麼，或偏激的想一夕致富或成名，很可能就會給自己和別人帶來災難。

冠智當時並不能了解我的用意和苦心，他那件公共危險的案子，被裁定要執行保護管束。在保護管束三年的期間，我看著冠智極不穩定的在自己的生命上飄浮，時而超出常軌，時而又找回了人生道路。

「做任何事，一定要重複的確認，自己的努力究竟是想要什麼結果，在還沒有明確的結果之前，先讓自己等待。」

冠智有時做得到，有時卻又無法掌控自己。

有一段時間，他很厭煩漫長和無目標的學校生活。讀書、考試的確需要很大的耐力，而在重複枯燥和無趣的學習中，如果沒有明確的目標和方向，知道自己努力所要得到的結果，誰都難以忍受這樣的辛苦。

「冠智，這一生如果你可以選擇自己要的一切。你可以告訴我，你會期待什麼嗎？你希望自己得到什麼或過什麼樣的生活呢？」

冠智想要當老闆，不然就是要當黑幫老大。他要當大企業的老闆，要當能主持正義的黑幫老大。我想他真正要的是周遭有一群以他為中心，唯命是從的隨眾。他不了解讓自己溫飽且隨心所欲的生活，已經不是一件容易的事了，更何況要為一群人的生計和未來努力，那是一件辛苦且吃力不討好的事。

他只看到大老闆和老大的威風，卻看不見他們的付出和風險。

有誰願意做別人的隨眾，對別人唯命是從呢？除非我們能供給他們金錢和希望。想當老闆和老大是冠智內在的驅力，我肯定他。他可以從現在就開始做當老闆的投資和準備，在他自己還是員工時，就開始學習怎樣做老闆，否則他貿貿然做老闆，很可能會讓自己落入萬劫不復的深淵。

「明確自己要從事的行業，從現在開始累積相關的資源。」

給自己一張明確的人生藍圖

一個老闆要有更多的能力和專業。當冠智開始思索時，他就愈來愈有理性，他會思考，做什麼才容易賺到資金呢？因為沒有資金就無法繼續經營，他可能要賠掉所有，甚至不僅一無所有，還可能背負一輩子都難以還清的債務。

不過，資金雖然是很重要的經營關鍵，但更重要的是，他要懂得用人，也就是如何運用別人的時間、勞力和專業來幫自己賺錢。我希望冠智能給自己一張明確和可行的藍圖。

在保護管束的三年裡，「老闆」是他的綽號。後來，他國中畢業選擇了餐飲科，他想從一家餐廳開始，未來打算要做連鎖事業。

「在這個行業有哪些人是成功的？他們是怎麼成功的呢？」

冠智舉了連鎖咖啡和複合式早餐、飲品連鎖的例子。大部分成功的事業，都是從第一家店開始，知道顧客的需求，了解利潤是怎麼產生的，然後努力去經營和管理，不過降低成本和開發更多客戶一樣重要。

冠智暑假到他心目中的成功餐廳打工，他對「老闆」有了不同的定義。

「老闆是勞心、勞神，和高風險的工作。」

冠智因為立志要當老闆，所以他很用心，偷偷的跟著老闆學習。他發現餐廳老闆工作時間最長，做的也是最辛苦和最重要的工作。若有事情發生，老闆要第一個站出來，若員工有差錯，也都是老闆一肩承擔。

另外，他原以為經營很好的一家餐廳，老闆竟然也要為了催收的貨款，親自出馬，並且還要對來收款的供應商，和顏悅色地討好和妥協，更還要有高ＥＱ，及相當的智慧，在冠智眼中，當老闆真的很不容易。

「這樣你還要當老闆嗎？」

冠智雖遲疑，但仍堅定表示自己不會輕易放棄。在他保護管束要結束時，我以同樣的問題再問冠智。他告訴我，他不急著當老闆，他要先做好準備。

真正的贏，是先贏過自己

十年過去了，一個偶然的機會，我陪朋友去一家餐廳吃飯，服務生額外送來美味的點心和水果，表明是公司經理特別招待，我後來才知道這位經理就是冠智。

「老闆，好久不見。」

在冠智還沒有當老闆前，他在這家餐廳，從服務生做起，然後擔任廚房助手、三廚、二廚，最後做到主廚，他目前是餐廳部門最年輕的經理。

我提到他年輕立志要當老闆的往事。他告訴我，他沒有放棄自己的夢想，但他體悟到，真正要贏，要先贏過自己，所以他耐住性子，讓自己做好所有的學習和準備，等一切都俱足了，才不會失敗。

我問他什麼時候可以準備好，他告訴我還有一關，他要先學會做分店的店長，學會獨當一面，才會進一步考慮。

冠智很謝謝我，陪他走過他生命最慌亂的一段路，讓他了解什麼叫做「贏」。他年紀愈長，就愈了解我當時用心良苦的教導。

「沒有人是真正的老大或老闆，除非我們能做自己真正的主人。」

這是冠智送我到餐廳門口，對我講的最後一句話，讓我有許多感動。

陪著這群迷途孩子走過的生命歲月，許多努力看似如雲煙飛逝，卻沒想到他們都深受影響。

人生的重建課

關於輸贏

「輸」、「贏」在一念之間，
結果並不重要，
重要的是你的決定與選擇。
你在結果公布後選擇要輸，還是要贏呢？
告訴自己，
絕不向現實妥協，
更不向命運低頭，
永遠選擇給自己要的結果。
堅持全力以赴的付出和努力，
做自己真正的贏家。

09 關於付出
先照顧好自己，再為他人付出

詠欣和她媽媽一樣，都是「以愛為名」，卻持續的折磨和傷害自己和孩子。

她們只想改變對方，卻都不願意學習改變自己的一切。

「先把自己照顧好，當你的生命有足夠的好品質，你的孩子自然就會夠好。」我建議詠欣。

三代，不斷複製相同的命運

詠欣是我多年前輔導的個案，父母離異後，她從小跟著媽媽，有著一段很不愉快的成長經驗。後來她和媽媽一樣，很早就結婚、離婚、再婚，最後又離婚，一個人養育了兩段婚姻裡的各一個小孩。她和她媽媽一樣都很辛苦的養育孩子，幾年不見，她有一肚子的抱怨和不平。

「我這麼努力，為什麼我會把自己的人生過得那麼糟呢？」

我和詠欣久未見面，當她看到我，我察覺到她心裡的釋放。

這些年來，她結交許多朋友，但都無法和她聊到她內心深處的紛擾。在我輔導她的期間，她就是一個很努力想改變自己宿命的人，但這幾年來，她非但沒能擺脫媽媽帶給她的宿命，還幾乎複製了媽媽的所有，她不明白原因何在。

我有些心疼。我覺得她的生活，未必像她想的那麼糟。

她和她的媽媽已經有很大的差別和成長，或許為了生活和養育孩子，她真的很辛苦。我的內心有許多不捨，我希望詠欣能改變自己，遠離辛苦的宿命。

「詠欣，你辛苦了。但我想要知道，你還想過這樣辛苦的日子過多久呢？」

詠欣不明白，誰願意過辛苦的日子呢？每個人都希望離苦得樂，有誰願意辛苦呢？但很少人了解，辛苦是自我的選擇。人有權利，也有能力選擇自己所要的一切，但我們卻放棄了所有的選擇。

「我不要辛苦，我不要再這樣！」

「詠欣，那你要什麼呢？」

辛苦是詠欣不要的，但她一定得知道自己要什麼。

在她生命的歷程裡，她有太多的愁與苦，但她未必知道自己期待的幸福和快樂是什麼。要怎樣做，詠欣才可以快樂和幸福呢？許多人以為有錢可以讓自己快樂和幸福，尤其是詠欣，她一個人帶兩個孩子，如果有足夠的錢，生活可以無虞，或許她可以少些壓力和緊張，但這未必是詠欣要的幸福和快樂。

詠欣和媽媽一樣，在我的談話室裡，她的媽媽不要有錢，只希望詠欣是個有希望和有前途的人，那麼她就死而無憾了。詠欣要的幸福和媽媽類似，她要把兩個孩子養大，能獨立生活，她的責任就了了，但這樣就會幸福了嗎？

「你真正要的是什麼呢？你已經長大，也能獨立生活，已經達成你媽媽的願望了，但你的媽媽就幸福快樂了嗎？」

詠欣的眼淚流了下來。

她的媽媽在她青春期時，為了她，有數不完的煩惱，現在詠欣已成年、結婚育子，但她媽媽還是有著數不盡的煩惱。和詠欣一樣，她幫詠欣帶兩個小孩，彼此為著不同的教養態度，母女倆常有衝突和爭執，媽媽哭，詠欣也哭。

在詠欣青春期時，她和媽媽，加上外婆，同樣的三代，拿著同樣的劇本，詠欣自己也發現了，但她不明白，這中間到底發生了什麼問題。難道就像算命師的預言，她們一家都是帶著衰氣的女人嗎？她不相信她不能改變命運。

在兩段婚姻，兩個孩子身上，她似乎感受到這兩個孩子一樣帶著衰氣，因為同樣叛逆不肯受教，且有著強烈的自我想法。兩個孩子才讀小學，詠欣已經感覺到孩子就快要脫手而去，這兩個孩子難不成又要再複製她的命運？

「當然不是！」

父母改變，孩子就會改變

當初詠欣的媽媽，不論我用多少力氣解說，她都不相信，孩子是沒問題的。只要父母願意改變，詠欣就會改變。或許她的媽媽沒有改變自己的能力，難道詠欣也沒有嗎？

「回顧你的來時路，在你叛逆的青少年時，你期待什麼樣的媽媽，你還記得嗎？」

「一個能了解我、在乎我的媽媽。」

詠欣和媽媽一樣，都不了解孩子到底期待什麼樣的父母，都理所當然的認為爸媽就是這樣。給孩子最好的保護和照顧，卻把孩子愛得滿身是傷和痛？孩子也用盡所有的力量，想要掙脫爸媽的掌控。

我要詠欣再重新成長一次，假想自己現在仍是孩子，她期待的父母是什麼樣子？如果可以重新來過，她的媽媽可以做些什麼或不做些什麼？她會願意做一個聽話的孩子，來和媽媽和解，且彼此有共識嗎？

看著詠欣一臉茫然的模樣，我知道她試著想找出答案，但最後卻放棄了。她不知道她期待她的媽媽為她做什麼，因為只要媽媽做的或說的，她都極力反彈，全盤否定。她只知道她不要媽媽管她太多，給她太多也不可以。

她不曉得自己期待的媽媽是什麼模樣，也不清楚自己想要成為什麼樣的媽媽，她只是有一堆的擔心和煩惱，她希望孩子不要成為她的複製品。

繞了這麼一大圈，我只希望詠欣能了解，沒有人能真正的了解和清楚該如何做一個媽媽，因為過去的媽媽在學習，現在的媽媽也在學習。過去的孩子是粗暴和蠻橫的，現在的孩子也是同一個模樣。

「做父母真的好難！」

「做孩子也不容易，不是嗎？」

如果詠欣自己是個孩子，遇到現在她自己所扮演的父母，她一樣會反彈和叛逆。所以我們有什麼理由，去做一個讓自己和孩子都受苦的父母呢？

「孩子也是有理性的，他們會為自己找到最好的出路和選擇。你安心了，他們就會失去衝突的動力。」

詠欣很想解釋她的孩子有著許多問題，不認真上課，上課總是惹禍、找麻煩。她很努力要讓他們成為老師眼中的好孩子，但她總使不上力。她擔心孩子會步上她的後塵，日後也會成為一個辛苦的爸媽。

「別管孩子，你好過，他們就會好過。」

「愛」卻帶來傷害與折磨？

詠欣和媽媽一樣，都是以愛為名，卻持續的折磨和傷害自己和孩子。

別管小孩，他們自己會有最好的選擇。先把自己照顧好，當你的生命有足夠的好品質，你的孩子自然就會夠好。

「真的是這樣嗎？」

詠欣的回應和當年她媽媽的反應一樣，都不相信。生命中糾葛不清的複雜關係，如果答案只是學習照顧好自己，那不是太簡單了嗎？

「真的很簡單！我們的夫妻和親子關係，都只是一個歷程。一個不懂得照顧好自己的人，絕不會有好的婚姻和親子關係。」

詠欣的表情和當年她媽媽一樣，都充滿著失落，怎麼會這樣呢？她的兩段婚姻和孩子的失敗，難道都是她一個人的問題，這怎麼可能呢？

「難道我真的是帶衰的女人？」

如果一個人不懂得用正向、積極的態度，時時懷著珍惜和感恩的心面對所有，大部分和我們緣遇的人都會受到我們負面的影響，那就真的會帶衰別人，這和命運無關，但如果詠欣累積了三代人的痛苦，仍執意要做一個帶衰的女人，我也幫不上什麼忙。

詠欣的媽媽和詠欣的許多衝突，就是媽媽經歷了這一切，感悟到昨日之非，但她很難教導自己的女兒，因為詠欣就是過去的她。詠欣的媽媽和外婆之間的關係仍然欠佳，她們經常在言詞上有著火辣的衝突。

七十幾歲對著五十幾歲的老女兒，五十幾歲的媽媽面對即將三十的女兒，她們之間糾纏不清的情結和宿怨，都是以愛為名。她們只想改變對方，卻都不願意學習改變自己的一切。

「詠欣，這是輔導工作的困難之處。雖然我明白你的問題在哪裡，但我無力改變，除非你願意了解和改變。」

再過二十年，我如果有機會再和詠欣的兒女相遇，我相信親子互動的關係應該不會有太大的改變。

「這是命運的鎖鏈，還是我們自己的選擇和決定呢？詠欣。」

「我不要這樣。」

詠欣要什麼呢？一個看到她會笑、願意坐下來和她聊聊天的兒女，如果我們要的真的那麼簡單，為什麼我們的生活和生命，要被如此多無關的事件打擾呢？

孩子在學校的表現好與壞，又有什麼重要的呢？它們不過是親子互動過程的一個事件而已。

從「習慣為別人付出」，開始改變

孩子未來是否有好的工作和高的收入，也沒有太大的重要性。如果孩子喜歡他們所做的，樂在其中是比較重要的吧。更重要的是，孩子喜歡自己，也喜歡與父母往來和互動。排除影響我們親子互動關係的負面和無關因素，認真和用心的照顧好我們自己，讓自己成為一個經常能歡喜和幸福的人，我確信我們就可以改變自己的宿命。

「這看似容易，做起來可不簡單喔！」

因為我們的習慣就是要為別人付出，為別人做事，所以要為自己的幸福和快樂做些努力，可不是件簡單的事。

一個人要把自己照顧得好，才可能給別人真正的愛，否則在愛別人的過程中，會把傷和痛夾雜在愛的過程中，不知不覺的偷跑出去。

付出的是傷痛的愛，別人給我們的回應也會是夾雜傷痛的愛。我們如果沒有足夠的能力去警覺是我們在操弄這一切，而把不夠好或傷痛的責任推給對方，我們將創造出更大的傷痛給自己。

詠欣經歷了這一切，如果她再不停止指責和抱怨，她所有的努力都只是在創造更多的傷痛而已。

「有什麼理由，讓這麼努力的詠欣卻只創造出不幸和厄運給自己呢？」

「可是……」

詠欣似乎又要依循著媽媽走過的腳步，告訴我她知道。

知道，卻不想真正的改變。

一轉眼，十幾年過去了，叛逆的孩子如今又為人父母，我真的只能袖手旁觀嗎？

我把內心很真實的感受告訴詠欣，我希望她能了解，一切的改變，唯一能夠做到的，只有她自己。

「給自己一次機會，詠欣。」

詠欣未給我任何回應，她看著我的雙眼，流下了淚水。

「老師，我會努力試試。」

對詠欣而言，我只是她生命裡偶遇的過客，我只能陪她走這麼一段路，給她我最誠懇的祝福，來日再見，我希望她真的撥雲見日，創造自己該有的幸福。

詠欣，加油。

人生的重建課

關於付出

宿命，

是誰決定的呢？

你的習慣和態度，

決定你的宿命。

如果你不滿你的現在，

就重新選擇自己要的一切。

10 關於生命品質

努力，讓生命有不一樣的品質

「別再問為什麼會這樣或這樣公平嗎，這不是好的問題。」我告訴惠雯。我希望惠雯能往長遠看，這樣的事件讓她學到了什麼，要怎麼做才能讓這個事件成為她未來生命的轉捩點？

一封絕望的e-mail

惠雯是學校的主任。我認識她時，她是一位很想表達自己的教育理念的老師，而且可以感覺得出來，她為了贏得別人的尊敬和賞識，所以很努力的想扮演好老師的角色。

我覺得這是一件很好的事，所以，我給予她很多正向的鼓勵和肯定，畢竟任何角色都是一種學習成長的歷程，我也是從摸索中，不斷的學習和自我成長。

當時聊得很開心，但在離開時，我提醒她一定要多了解自己，知道自己的努力想要的是什麼樣的結果。

她一臉詫異。她心裡也許會這麼想，她在各方面表現如此的好，怎麼可能不知道自己的努力是要什麼呢。

幾年過去了，我幾乎忘了惠雯。有一天，她寫了一封e-mail給我，告訴我她非常無助。

有一個學生，她費盡了許多努力要拉拔他起來，卻都得不到她要的結果。她無力改變這個學生未來的命運，只能眼睜睜的看著他沉淪。她十分難過，希望我能協助她救救這個孩子。

惠雯的付出讓人感動，我也希望能盡到一份心力。這個學生的父親因吸毒過量而死亡，母親沒有工作，惠雯懷疑媽媽也在吸毒。這對母子平時靠社會救助和學校的急難救助過生活，但這個學生上課極不穩定，來來去去，即使來學校，也通常都是在睡覺。

她安排了志工媽媽幫他課輔，也協助他在學校找到一點成功的經驗，讓他參與各種活動，但成效都不彰。

這個學生不僅不領情，還誤解了她的好意，控訴她剝奪他上課的權利，讓他在學校做白工，學生的媽媽甚至還找來校長、議員和媒體，指責她濫用權力，漠視學生的受教權。

惠雯不懂她這麼努力想幫這個孩子，最後卻弄得自己沒有台階可下，連主任都當不成。

她告訴我，她其實不在乎這些，只要能救到這個孩子，她任何犧牲都是值得的。

我很感動惠雯受了那麼大的委屈，卻仍關心誤解和傷害她的孩子。

教育是彼此溝通的行業

我分享我的看法，教育工作不是一廂情願，只想到我們要得到什麼，更重要的是要了解，學生和家長有什麼需求和期待。當然，在這樣一個失能的家庭裡，有可能不知道或沒有能力知道自己的期待。

教育是一種服務業，客戶如果無法了解我們的產品和服務，是我們的責任，我們就要用我們的專業和努力，讓家長和學生了解我們的目標是什麼。不同的顧客有不同的需求和期待，我們應盡最大的努力，把最好的產品送到顧客手上。

在行銷上，顧客是沒有責任的，教導顧客了解和熟悉我們的產品和服務，並進一步認同我們，給我們服務的機會。當然教育和產品在市場上的行銷不能一概而論，但整個時代潮流和社會的變化，對學校和教育工作者的期待和要求，兩者已經是非常相近。

許多家長放棄主動了解教育的義務和責任，把教育孩子的責任全推給學校，只會指責和要求。

我的想法是，與其和家長爭論，不如回頭去思考，如何經由整個市場的機制，把教育的理念和價值行銷出去。以消費者和使用者的立場去思考，讓他們了解我們的努力和目標，用邀請投資人或合夥人入股的心情，說服學生和父母一起為著未來的獲利而共同打拚。

二十幾年來，我在法院服務的經歷，讓我很能了解惠雯的挫敗。她付出了那麼多的努力，卻換來學生和家長的誤解和投訴。

我常把自己的工作比喻為開店賣產品，我的產品是「愛和希望」，我的顧客是學生和家長，他們很可能無法了解真正的愛和希望是什麼，我必須經由一再的會談和訪視，讓他們了解，今天我們一起努力的結果，最大的獲益者是他們自己。

當然，我也不是做白工的人，我很清楚我的努力是在操練我的專業和能力，讓我未來有更精準的專業能力，以便改善和提升我和別人的生命品質。

每天都行銷「愛和希望」

我不為薪水工作，我為我自己生命的品質和理念工作。

二十幾年來，我不曾升遷過，我相信人不會因頭銜和職稱而偉大，但一定會因為努力和付出，讓生命有不一樣的品質。我每天都在行銷「愛和希望」，我付出愈多，就得到愈多。

惠雯因為這件事，主動辭去主任職務，重返第一線做導師的工作。

我贊許她不僅能伸能屈，而且是一個有大智慧的人，能真正知道自己要的是什麼。

但事實上，卻非如此。在多次的通信和會談中我才知道，惠雯曾經為此讓自己陷入了憂鬱的泥淖，有一度走不出來。

她來自一個貧窮卑微的家庭，父母都是靠體力做工維生，她選擇老師這一職業是不得不的唯一選擇，因為在那個時代，師範學校是公費，畢業後又馬上有工作，為了讓自己能夠翻身，跳脫貧窮，惠雯很努力用功，好讓自己有能力選擇自己要的人生，她也一心一意希望在教育體系中出人頭地。

教育的體系要有成就，就要走行政的路線，要受人尊敬，就要有教育的大愛，把每一個學生都帶起來。惠雯這幾年來真的很努力，她還考取候用校長的資格。

她這次急流勇退也是不得不的選擇，因為她經手的幾個弱勢家庭，雖然她都盡最大的努力，為他們爭取最大的福利，但她的努力，卻未能讓家長和孩子了解，還讓他們誤以為這是應得的福利。

許多教育資源都是浮動的，今天能取得，並不代表明天一定也會得到，在別的區域或學校能獲得的，在這個學校則未必能做到。

惠雯因留意到學生家長的特殊狀況，她認為把錢或資源直接交給家長，未必能用在孩子身上，所以她就把取得的資源留下來，分次和適時的給予學生，但這樣的做法卻引起家長的不滿和誤解，衍生許多讓惠雯受傷的事件。

惠雯剛開始還極力的為自己辯解，但媒體的炒作和網友不理性的發動討伐行動，讓惠雯心灰意冷的從主任的位置上退下來，她不知道自己做錯了什麼。

「用最大的努力去讓學生獲得最大的保護和利益，有什麼錯呢？」

這是一個多元和複雜的社會，我們不能只靠努力和單一的角度去處理事情。

抱怨，無濟於事

在幾年前我就了解，一定要引用商業的知識，用市場經營和行銷的觀點，衡量成本和效益，思考如何用最少的投資去產生最大的效益，甚至用功利的角度去搏取學生和家長的認同和努力，更重要的，一定要有風險管理的意識，學生和家長很可能會漠視教育的使命和責任，但對自身的權利和付出，絕對都會斤斤計較，睜大眼睛來看待，講得白一些，許多弱勢家庭因為生活的困窘會把錢放到最大，我們眼中的小錢，在他們可能是一家人一天的生活費。

惠雯會引起那麼多和那麼大的非議，來自於她自認的無私和公益。她的確沒有侵佔學生的任何權益，但同樣的錢和資源，一次給和分散幾次給，就像吃一頓大餐變成只有一碗白米飯。

惠雯是往長遠看，一學期或一個月的補助按日給學生，讓他每天都有基本的滿足，但家長卻感受不到她的用心，只認為自己應得的福利被剋扣，加上媒體和政治人物都是嗜血的希望擴大事端以得到自己的利益，並不肯仔細的了解真相，行政主管單位也傾向息事寧人，犧牲惠雯，讓事件得以平息。在這種情況下，惠雯當然會受到許多傷害。

「別再問為什麼會這樣或這樣公平嗎，這不是好的問題。」

我希望惠雯能往長遠看，這樣的事件讓她學到了什麼，要怎麼做才能讓這個事件成為她未來生命的轉捩點？

「往好處想，這樣的事件，對你有什麼好處？」

這個時代，在學校從事行政工作是一件吃力不討好的事，惠雯苦心經營，希望自己能夠出類拔萃，晉升校長一職，讓自己也成為成功的代表，這沒有什麼不對或不好。

以她用心和認真的態度，若她成為校長，一定會造福更多的學子，但現在她不得不轉換角色，成為學校基層的老師。

她有一種被羞辱的痛苦，她不知道自己人生的未來和發展會是什麼，她還未能退休，未來還有好幾年要度過，她對教育也還有著一份熱忱，但她完全提不起勁，讓自己能像以前一樣有行動力。

夢想，永遠來得及追求

往好處想，重新歸零，在基層的服務裡，去操練自己的教育和專業，有什麼不好呢？讓自己有多一點的時間去思考自己，以及陪伴另一半和孩子，有什麼不好呢？往好處想，領同樣的薪水，卻做以前主任時的一半工作量，何不利用時間鍛鍊自己的身體，或陪陪父母、家人，這又有什麼不好呢？

「壯志未酬。」

惠雯仍未放棄她當校長的夢想。

「身未死。」

惠雯還有許多機會，我並未以自己的價值觀去告訴惠雯，要放棄夢想，做一個平凡和簡單的人才容易幸福和快樂，因為我知道一個人的夢想，唯有實踐和完成，她才能夠真正放下。

我鼓勵她，利用這難得的空檔，提升自己的知能和競爭條件，以她積極認真、全力以赴的態度，未來一定還會有機會。

惠雯決定先去完成這幾年來一直很想做的事，就是把學位拿到。她很積極的準備研究所的考試，另一方面，她把這幾年自己從事輔導和行政工作的心路歷程，認真的寫成專書出版，並在自己的班級，進行全新教育和班級經營的改革。

她也發表了好幾篇相關的論文，讓她順利取得學位。

「有一天，我一定要當上校長。」

我給予惠雯最大的祝福，人生有明確的目標和努力的方向，這是何等幸福的事！享受追求夢想的旅程，雖然人生總會有許多不如期待的境遇，雖然我們改變不了環境給予的衝擊和挫敗，但我們可以有全新的選擇，就像惠雯一樣，從零開始。

她重新再站起來，我相信她會是教育界的巨人。我衷心祝福她心想事成，夢想早日成真。

「加油，惠雯。生命的恩典與禮物，早已為你備下，並且安排妥當，就在生命的前頭等著你，繼續前進吧！」

人生的重建課

關於生命品質

原生家庭和父母，
對每一個人都有重大的影響。
如果我們是自己真正的主人，
就讓自己從零開始，

11 關於價值

追尋你生命中真正重要的事

「如果你發現同事正在接洽一個客戶，而你有機會把這個客戶搶過來，你的選擇是什麼？」

「這還用說嗎？商場如戰場，能賺錢絕不手軟。」

芷盈的做事態度只能讓她贏得一時，卻無法讓她贏得一世，她的路會愈走愈窄。

只贏不輸的女孩

芷盈是我到保險公司演講時認識的朋友，剛接觸芷盈，就感受到她是個充滿企圖心的人，她在公司的表現還不錯，但她和同事間的互動感覺上有一種疏離。同事幾乎都認識她，卻都和她不熟。

有一天芷盈來找我，希望我能輔導她改善人際互動關係。

「芷盈，你只贏不輸，人際關係是不容易好的。」

我看她全身戴滿了各種吉祥的吊飾，有貔貅、有咬錢的蟾蜍，還有一只繡滿金錢符號的小錢袋和一個金色的算盤。

「天生愛錢，只想贏不想輸。」

芷盈來自單親家庭，媽媽給她取的名字，就是要她只贏不輸。

因為家庭的因素，她媽媽獨力養家，所以對錢非常看重和敏感。只要談到錢，媽媽的眼睛就會亮起來。她的媽媽是個很會算計的人，芷盈國中畢業後，也不管她功課和興趣如何，硬要她讀職校夜間部，白天安排她工作，這樣她可以自食其力，每個月還固定要拿五千元伙食費給媽媽。

芷盈從小就很好強和爭氣。她讀夜校時，年年都是全校第一名，拿了不少獎學金。芷盈白天當小妹，沒多久就被老闆主動升為正職。她高職畢業時，選擇念夜校的技術學院，之後她一邊工作，一邊讀書。

因為她想多賺一點錢，所以換了好幾份工作，最後她發現要賺錢就不能當一般的上班族，要做業務員，而在做保險業務工作之前，她還做過手機業務員、化妝品推銷員和房屋仲介員。

她的業績都很好，不過她的眼裡只有錢，所以她總是連續幾個月沒休假，還曾經連續每天工作十六個小時，持續好幾個月。

「愛錢，沒辦法！」

做保險工作時，她是個死纏爛打型的。一張保單，她可以守株待兔，盯著客戶幾個月，直到客戶投降為止。為了賺錢，再多的辛苦她都不在乎。

「錢對你有什麼特別意義？」

錢，不等於一個人的存在和價值

對芷盈而言，錢是一個人的價值和尊榮。她很小就注意到，她的媽媽眼睛只會看錢，而很少把她和妹妹看在眼裡。她看到的媽媽手裡和眼裡都只有錢、錢、錢。

只有有錢，才可以讓媽媽看重；只有有錢，才能讓媽媽和顏悅色的對待她。

只要有錢，她就會感受到自己的存在和價值；只要有錢，就可以得到別人的尊重。可是她不明白，她在公司的業績那麼好，為什麼卻得不到老闆和主管的賞識。她的績效表現，足夠讓她每年都得到大獎去旅遊，可是她的主管卻總會找出許多理由，例如被投訴件數太多，或者顧客抱怨和退保等等，把她刷掉。

剛開始，她也不是很在乎，依然我行我素，因為在業務單位裡，只要有業績，就可以走路有風。直到最近，她發現她的上司和同事都在暗中惡整她，故意隱藏她的業績，或弄丟她的文件，讓她無法達成業績，甚至破壞她和顧客的關係。

「你為什麼會選擇保險業務這個行業呢？」

在芷盈做過的工作裡，應該有比保險更適合她的，因為保險工作不單純是業務，最重要的是人與人之間的信任和互動關係，以她做事只看重錢的心態，無疑的，她會做得很辛苦。

她有些成就是因為她的企圖心和行動力比誰都強，可是若長久從事這份工作，以她唯利是圖的狀況，絕對會愈做愈辛苦。

「薪水由自己決定，做多少，賺多少。」

其他的業務工作不也是如此嗎？芷盈告訴我她喜歡與人互動，認識新朋友，但她卻也告訴我，她沒什麼真正知心的朋友，她認識一堆人，但都僅止於認識而已。她會來找我，很重要的原因是，我很重視她，把她當朋友。

「你要有多少錢，才會覺得自己真的有錢和安心呢？」

芷盈和其他我認識的朋友很類似，都想要有錢，但卻從未想過一個明確的金額。芷盈覺得自己像一隻活的貔貅，只想進，不想出，愈多愈好。

錢永遠不嫌多，所以，永遠都在追求、永遠辛苦的堆積金錢。她不像其他業務員，有錢就用來買車、買房或買首飾、名牌包，她很節省的花用自己辛苦賺來的錢，因為她的媽媽認為有錢才重要，其他都是假的。

「如果你發現同事正在接洽一個客戶，而你有機會把這個客戶搶過來，你的選擇是什麼？」

「這還用說嗎？商場如戰場，能賺錢絕不手軟。」

比佔有更重要的事

我問這樣的問題，就是想讓芷盈知道，她用什麼態度對待別人，別人也會用什麼態度對待她，她用強，別人就會用更強的方法回應她；她狠，別人會比她更狠。她沒天良，就休怪別人不擇手段的破壞她。

芷盈的做事態度只能讓她贏得一時，無法讓她贏得一世，她的路會愈走愈窄。一個自私自利的人，其所遇到的人都會與她的特質相像。

「如果芷盈想賺更多和更長遠的錢，就必須要懂得經營，而不是掠奪；要懂得投資，而不光只是佔有。」

芷盈不懂，現實社會不就是這樣嗎？強食弱肉，而且只有適者能生存，不適者就會被淘汰，不是嗎？保險業務員沒有業績，人再好、服務再好，都沒有用，有錢才有生存的機會。

這沒什麼錯，現實的確是如此，但不一定是靠比強、比狠和比沒天良。要靠知識和智慧，長期經營和投資，我們才可以愈做愈輕鬆、愈做愈歡喜。

「盧老師，你不在這個行業，你不了解！」

我的確不了解芷盈所面對的人際上的困境，她正逐步陷入危機，她怎麼還未覺悟到是自己導致自己陷入困境的呢？一個人用最大的善意去對待別人，如果遇到像芷盈這樣唯利是圖，只在乎眼前好壞和得失的人，一定會很受傷。

芷盈沒有朋友是可以理解的，她從不經營和投資她的友誼，她的眼中只有錢、錢、錢。她看不見朋友，也看不見愛。

「芷盈，你覺得自己幸福、快樂嗎？」

她從未想過這兩個名詞。她告訴我賺到錢的那一刻很快樂，但快樂一下子之後，她就繼續尋找下一個賺錢的機會了。

我看她健康狀況欠佳，她卻告訴我，她只是比較容易累，有時胃會痛、頭會痛，但只要有錢賺，她就什麼都忘了。

「你賺來的錢都做些什麼呢？」

「存起來啊！」

她捨不得多給媽媽一些錢，她覺得一次給多了，會養大媽媽的胃口，她會愈來愈難滿足。一次一點點，讓媽媽不得不對她好，否則她就不給。

芷盈認為媽媽也是隻貔貅，有進無出。她給媽媽一百元，就休想從她口袋挖出一毛錢。

「芷盈，你媽媽應該五、六十歲了，你認為媽媽這樣的人生是你要的嗎？」

芷盈有一堆的指責和抱怨，她覺得媽媽從小就很無情的對待她和妹妹。妹妹很率性，因為工作賺錢，拒絕給媽媽錢，所以被媽媽趕出去，從此就再也沒回來過。她媽媽經常一個人在家，沒什麼親戚、朋友，因為她認為親友會來找都是為了來借錢。媽媽很孤單，她最大的樂趣就是算錢，她的眼中只有錢。

「你希望過媽媽這樣的人生嗎？」

芷盈沒有結婚，她看到爸媽不愉快的婚姻，而媽媽給她的觀念是，結婚是找一個債主來折磨自己。有錢自己捨不得花，卻找一個人來幫你花，所以只有傻瓜才會結婚。

媽媽給她的人生似乎沒有太多選擇，就是認真、拚命的賺錢，有錢才有一切。芷盈是有錢了，但她就擁有一切了嗎？一般人談到這裡都會有點感傷，但我注意到芷盈，她似乎毫無感覺。

「你不覺得自己過得很辛苦和難過嗎？」

媽媽複製給女兒的人生

芷盈的表情很茫然，她知道媽媽複製給她的人生不是她要的。她在單一價值的家庭中長大，她害怕改變，也不敢有新的選擇，她怕失去她生命中最珍貴的錢。

她來找我談話，問我的第一個問題是，接受諮詢需要付費嗎？我告訴她完全免費服務，她才安心坐下來。

我問她如果花一些錢，就可以讓自己更快樂和更幸福，她願意嗎？她竟然很遲疑的問我，快樂和幸福是什麼？它們可以拿來賺更多錢嗎？

在潛能開發課程中，一個很重要的原則，就是一個人把注意力放在哪裡，他就會得到那個東西。芷盈把生命中全部的注意力放在金錢上，她就得到錢。

為了錢，她可以忘記身體的病痛，她可以不要親情和友誼；為了錢，她什麼都願意做，她真是個唯「錢」是圖的人。

我測試她，假如這裡有一隻活蟑螂，如果她把蟑螂吞下去，我就給她一百元。她猶豫了一下，後來我把一百元調整成一千元，她告訴我，她會做。她的理由是吃蟑螂又不會死，只要花幾秒鐘就可以賺一千元，為什麼不賺？

我接著問她，如果有換腎的病人要買她的腎，一顆五十萬，一個人有兩顆腎，只有一顆一樣可以存活。她竟然告訴我，她會考慮。

「五十萬，很多耶！」

我再問她，如果有一張保單，她要拿到的條件是要她用「性」來交換，她會考慮嗎？她也毫不猶豫地告訴我，保單只要夠大，她會考慮。

我又問，如果用一億元可以換她的性命，她也願意囉？她說，這是當然的，因為她想她一輩子都賺不了一億元。

「你人都死了，要這些錢做什麼呢？」

我試圖去調整芷盈被家庭和她自己長期固著的價值觀，但她的執著強度已超越我認識的所有人。一個人為了錢，連「健康」和「性」都可以拋開，甚至連命都願意拿來換錢，那麼錢的意義和價值已無可替換，這樣的人為了錢是什麼事都可以做得出來的，但芷盈一再強調她絕不做違法和傷天害理的事。

這我相信，觸法了，她就無法再賺錢了，但人死了，錢還有何意義呢？芷盈死了，她要把這一億留給誰呢？

這個問題難住了她，她絕不願意把用生命換來的錢留給媽媽或捐做善事，她最後決定要把錢和她一起陪葬，她要讓錢和她永遠在一起。

人死了，化為蟲蟻的食物，錢也將被腐蝕，芷盈到底得到了什麼呢？

「死了有錢，總比窮死的好。」

比錢更重要的人生價值

芷盈愛錢的意志真的是無人可比，不過在這樣談話的過程裡，我發現芷盈的心已有所動搖，她開始思考除了錢，還有什麼是更重要的價值。

在談話結束前，她謝謝我，並且告訴我，她會照顧自己的健康和生命，因為它們是賺錢的根本。

過了幾個月，她寄來一封信，告訴我，她發現比錢更重要的，是人與人之間的「情」。

因為她後來生病了，看顧她、不棄不離的，竟是她眼中只有錢的媽媽。

她原本也以為媽媽是在看顧她的搖錢樹，後來她才發現，媽媽偷偷的保了幾個人壽險和意外險，受益人都是芷盈。

在她生病的期間，她們母女倆有許多閒聊的機會，她才明白「芷盈」在媽媽的心目中，比錢更重要。

她第一次見識到媽媽的慷慨，是媽媽要拿出所有的錢換回她的健康。

她在住院期間，每天都像個小嬰兒，讓媽媽餵食和換尿布。她第一次嘗到愛和幸福的滋味。她告訴我，錢不再是最重要的，「愛」才是。

愛是陽光，如果沒有愛，佔有再多，都是貧窮的。

收到芷盈的信，我眼前也充滿著陽光。

我們一生所有的努力，原來追求的是這麼的簡單和容易，但我們卻往往繞了一大圈，才能見到真正的陽光。

人生的重建課

關於價值

陽光一直都在，
只是我們的臉習慣朝向陰暗和悲傷。
光是詛咒和抱怨，
永遠改變不了厄運和不幸。

只有你自己的覺察和意願，
才能讓自己的生命好過，
讓自己的人生充滿光明和希望，
讓陽光永遠在你的眼前。

12 關於夢想

為夢想奮力一搏

耀民可以選擇繼續中輟，也可以選擇去販毒或做違法的事，但他決定給自己一條路走，因為他清楚知道，沒有人可以為他的未來負責。

他所有的努力都是為了自己，所以有什麼理由去選擇傷痛和遺憾的未來呢？

釐清我們對錢的真正需求

耀民是我多年前輔導的孩子，他從一個中輟生，重回學校讀書，不僅找到了自己努力的方向，也贏得了自己要的成就。

「怎麼樣才可以有錢？」

有一次，我個別輔導耀民，他突然問我這樣的問題。

「有錢是什麼意思？」

耀民那時候是個中輟生，他在外做計時或計日工，覺得賺錢很不容易，花錢卻很快。他很希望自己有很多錢，很多、很多、用不完的錢。他想買什麼就可以買什麼，不用害怕沒有錢。

「耀民，你認為錢可以給你自由和選擇？」

我輔導的孩子幾乎都很愛錢，但他們卻不知道錢給他們的價值是什麼。只有釐清他們對錢的真正需求，他們才不會被錢所迷惑和困擾，而能做一個懂得用錢，做錢的主人的人。

「有錢還能給你什麼呢？」

「有錢就有尊嚴，有錢就有朋友。」

口袋裡有錢，就不用低聲下氣的向爸媽伸手，也不用看爸媽的臉色。朋友在一起就可以很爽快的請客付錢，贏得朋友的尊敬和感謝。有錢甚至可以讓耀民享受別人的服務。

「還有呢？」

有錢可以有自己的機車、汽車和自己真正的家，有錢可以買到所有的東西。

「如果你現在有用不完的錢，你最想做什麼呢？」

「環遊世界。」

耀民的夢想和許多人都一樣，但真正的關鍵應該在於如何才能有錢。

「認真工作，努力存錢？」

耀民以為我和他爸媽的答案一樣，但我的答案是提升自己的價值。

如果要賣時間換錢，做什麼事，時薪、日薪和月薪會比較高呢？如果是賣體力和勞力，怎樣會有更高的收入呢？如果是要賣技術和腦力，哪種專業最能賺錢呢？

「販毒利潤最高。」

耀民吸過毒，也參與過販毒。我問這些問題，就是想讓耀民理出一條更好的路。

我希望他找到的是風險低、利潤穩定的賺錢方法。如果販毒是最好的選擇，耀民為什麼不繼續做呢？

「販毒是穩死的，只是早死或晚死罷了。」

引導青少年「為自己」思考

在和青少年對話的過程裡，我很少給他們答案。

我相信每個人都會為自己做最大的設想，找到最好的出路。為非作歹當然有很好的報酬，但要付出的代價比什麼都高，所以，大部分的人都不會給自己找麻煩。

「除了販毒，難道你就沒有別的選擇了嗎？」

耀民因為和我有很好的互動關係，他也信任我不會板起臉來教訓他。

他試探性的告訴我，他有朋友是詐騙集團，他覺得這也是快速賺錢的好方法，還有，在網路上販售色情光碟也不錯，另外也可以賣盜版的軟體，或做色情交易網站。

當耀民這麼說時，我都不予否定，讓他繼續講，因為這些想法可能是他想過和可能會去做的，我講再多都難以說服他。只有他自己才有能力決定自己的未來。

「你覺得這些人賺到的是什麼錢呢？」

黑心錢嗎？也未必如此。

我希望耀民能從人性的需求和弱點去思考，人都有貪念，想一夕致富、想不勞而獲，以及恐懼失去和貪小便宜，所以詐騙集團和盜版光碟才有機可乘。

情慾是人的本能需求，大部分的男性都很難隨心所欲的得到滿足，所以，才有色情行業出現。

而人性的需求除了性，還有對死亡的恐懼、對未來不確定的惶恐，以及擔心意外和失去健康，所以會祈求平安，希望能有十足的安全和保障。

我希望耀民能從食、衣、住、行、育、樂去思考這個社會，社會上有這麼多的人，大家都期待什麼樣的產品和服務呢？而且不只可以賺到錢，還能不違反法律和社會道德。

「做全世界最好吃的魷魚羹。」

因為喜歡，所以願意用心和努力

耀民的媽媽在市場擺攤賣麵，他第一個想到的是他愛吃的魷魚羹。每個人每天都要吃，而在市場賣麵，不必做到世界第一，只要是那條街或市場最有特色和最好吃的就夠了。

耀民看到媽媽每天天未亮就要出門，一天工作超過十二小時，他覺得這種錢太難賺了。他媽媽辛苦是因為薄利，再者，除了用餐時間，大部分時間都是在等客人。麵攤能賣什麼樣有特色的早餐？因為在市場做生意的人，通常來不及用餐，十點時，客人漸少，什麼樣的食物可以讓他們拿著吃，又可以做生意？中午時市場要打烊了，上班族要用午餐，什麼是很快完成，又可以帶著走、方便吃的呢？

他媽媽之所以很辛苦，是因為午餐過後，她要在攤子上等黃昏市場和晚餐的人潮，兩點到四點之間能賣什麼呢？這個時段，市場會有什麼樣的飲食需求呢？晚餐以目前社會的形態，什麼樣的小吃會吸引大量人潮來光顧呢？

我不懂得做生意，我只希望耀民能了解，賺錢之道來自於對社會大眾的服務，你能付出的服務愈多，你就有愈多的機會賺到錢。

耀民回到學校就讀，我希望他去思考幾個問題。

「耀民喜歡做什麼樣的事？」

喜歡雖是一種感覺，但這種感覺是一個人內在潛能的展現。自己喜歡的事，才會用心和努力地去做。

耀民不喜歡做固定和機械式的工作，他喜歡有創意和變化的工作，他喜歡交朋友，也喜歡和別人聊天，如果每天只是和別人聊聊天就有錢可以賺，他一定願意努力去做。

「什麼東西是耀民喜歡的呢？」

耀民不重視吃，從小他就跟著媽媽做生意。在生意空檔，一碗乾麵、貢丸湯，就是一餐，他從不挑剔和抱怨。不重視吃、覺得吃沒有什麼吸引力，就不適合做餐飲業。

他喜歡玩，市場常有玩具攤，他喜歡去那裡幫忙，教別人玩各種不同的玩具。他喜歡操作機械的東西，也喜歡和別人分享，所以他適合去讀高職的機械、汽修、電機科，以此專業作為基礎，未來再從事維修或相關產品的銷售。

耀民的目標如果是希望賺更多的錢，無疑的，他要選擇銷售工作，因為維修的上班族收入固定。

對耀民而言，只要一直有金錢入帳，他就會感到無比興奮，也會有很大的動力從事銷售工作，但和之前談的一樣，他一定要了解社會的各種趨勢和需求，就像自行車的風潮，在大大的流行過後，就會慢慢消退，但還是有生意可以做，例如特別的需求或精品化，或者愈特別或愈高級的車種，依然有一定的市場需求。

「再者，耀民要清楚的知道，自己五年、十年之後，做什麼樣的行業和工作能樂在其中，並且享受這份工作。」

為自己讀書，而不是為父母或社會的期待

工作就是為了賺錢，我的許多朋友在選擇科系的時候，都以未來工作為導向，選擇好找工作的科系或成為公教人員，結果卻是自己並不適合這份工作。

為了一份薪水忍受著各種不愉快和辛苦，最後讓自己身心備受折磨，全身都是病，這份薪水再高都不值得。

趁年輕，還有許多選擇時，要想清楚自己期待和適合的工作，那麼未來工作就不只是工作，而是能享受工作中的學習和成長。

耀民在結束我的輔導之前，便已回到學校後，從此沒再輟學。

他知道他要為自己讀書，以現在的教育和考試體制，對部分的孩子其實不是很公平，因為語文能力不強、理解能力不好的孩子，都會一再受挫。

耀民對自己的期望並不高，有個私立高職可念，他就滿意了，但他很在意選擇的科系，他本來想選餐飲科，因為畢業回來，可以接媽媽的小吃攤，但他又想到了我的分析，所以選擇了汽修科。

他的理由是，汽車對他而言，是個很大的玩具，他喜歡拆拆修修，更重要的是，他未來想成為從事汽車買賣的業務員。有足夠的汽修背景，他才會更有信心去推銷汽車。

幾年過去了，有一回，我一個好朋友要買車，他到各種品牌的銷售據點參觀，結果他買了他從未想過的牌子和車款。這位好朋友告訴我，因為有一位傑出的銷售業務員，讓他很感動。

這位業務員告訴他，買車最重要的是需要、安全和維修保養，後來我才得知這位業務員原來就是耀民。

他告訴我的朋友，他會選擇這家車商的理由，是因為他自己喜歡，因為如果自己賣的車子，自己都不喜歡，自己都不會選擇，那麼這部車一定銷售不出去。一個無法說服自己的人，又如何去說服別人呢？

耀民把自己用車的經驗分享給我的好朋友，一輛車一般會開八到十年，但如果選錯車，只要一上車，心情就會不好，但卻要忍受八到十年，豈不十分痛苦？

他要我的朋友不要急，先把可能會買的車款全試開過，再做深入比較。適合別人的未必適合自己，不要只聽信業務員的說詞，要相信自己的感覺。

我這位朋友繞了一大圈做比較，他完全信服耀民的說詞，還買了耀民介紹的車款。

「耀民，真不簡單！做得很成功！」

在拜訪耀民之前，我已經上過他公司的網站，知道他已有多次名列公司的年度銷售排行榜。

他告訴我，他高職畢業時，因為清楚知道自己的方向，所以到過許多家汽車公司上班，他想經歷各種不同汽車品牌的文化，最後他選擇這家公司，並且立定目標，做區域性最好的業務員。雖然他績效很好，但他拒絕任何職務的升遷。

他告訴顧客，他絕不會離職或調職，因為他要在最近的地方給他的顧客最好的服務。他賣車沒有贈品，也不曾減過價。

他告訴顧客買到便宜的車，四處炫耀，絕對比不上忠誠的服務。顧客車子用多久，他就服務多久。關於車子的所有問題，他全數負責。

剛開始很辛苦，但做到第五年以後就很輕鬆。顧客不斷的介紹客人給他，客人要換車，他是最好的顧問。顧客拿他當朋友，信任耀民的專業。

追逐夢想，未必要愈高、愈大

「你成功的祕訣是什麼？」

耀民告訴我，在他最徬徨的時候，遇到了我，給了他人生最重要的思考方向。

「人生是自己的，要為自己的現在和未來負責。」

「明確知道自己適合的位置是什麼，把自己放對位置，做自己喜歡的事！」

「學會投資自己，用心學習和努力。」

「成功沒有捷徑。你選擇什麼和付出什麼，就得到什麼。」

從耀民身上，我學習到，一個業績很好的人，背後往往沒有什麼偉大的祕密。因為就只是做自己喜歡的事，並且勤奮的為自己的目標堅持和努力。

追逐自己要的夢想，未必要愈高愈大，做一個基層平凡的小人物，一樣可以快樂的享受自己所有的一切。

「最重要的是，要做得高興。」

耀民很有自信的分享他的心得給我。

十幾年前，他可以選擇繼續中輟，也可以選擇去販毒或做違法的事，但他決定給自己一條路走，因為他清楚知道，沒有人可以為他的未來負責，他所有的努力都是為了自己，所以有什麼理由去選擇傷痛和遺憾的未來呢？

人生的道路是如此的簡單，你選擇什麼，付出什麼，你就得到什麼。

為什麼不在我們還有機會和能力選擇時，給自己最好的一切呢？

人生的重建課

關於夢想

夢想的背後不會是一連串的機會和幸運，
而是一再的堅持和努力。
成功真的很辛苦，
但我知道失敗絕不好過。
我選擇成功的辛苦，
而你要選擇失敗的痛苦嗎？
給自己的夢想和未來，
一次成功的機會。
嘗過成功滋味的人，
絕不願意自己有任何一次的失敗，
努力，努力，

堅持，堅持，
為自己創造一次又一次的成功經驗。

13 關於溝通

先處理好自己的情緒，再與對方溝通

我建議逸玲，先別急著和兒子接觸和談話，先讓彼此都有一點心理調適的時間和空間。可以先和孩子約好三天或一週以後單獨的談談這件事。這是一個生命學習的課題，孩子在學習，媽媽也在學習。

每個人身上都有原生家庭的包袱

逸玲幾年前因先生家暴來到法院。她因有親子教養上的問題，法官介紹她來找我談談。

她很疑惑，一個原本貼心懂事的兒子，自從上了高中之後，竟然學他爸爸的口氣，用很粗暴的方式對待她，這讓她十分擔心和寒心。婚姻上所受的折磨，她都可以忍受，但她無法接受兒子對她的粗暴。

她的先生有很高的學歷，也有很好的工作，平日待人都不錯，不知道為什麼只要一生氣就摔東西、罵髒話和動手打人。結婚多年後，她才漸漸明白，先生是受原生家庭的影響，因為她的公公也是如此。

公公來自一個很有名望的家族，對任何人都很客氣有禮，唯獨對她婆婆，動不動就惡言相向。有一年過年，也不知何事，只聽著鬧嚷嚷的吵架聲，她的公公也不管眾子女、女婿、媳婦都在家，就在廚房裡對她婆婆動粗。她婆婆因為家裡有子女在，就和她公公對峙，最後鬧到警局，讓子女十分難堪。

在逸玲的夫家，四個手足都有家暴的經驗，連女兒都飽受家暴之苦。逸玲擔心她的孩子，未來也是潛在的家暴者，她很希望能終結這樣的惡夢。

逸玲最後選擇離婚，既然她改變不了她先生，至少得讓她的孩子遠離家暴的陰影。

最近她因孩子的問題，希望我能給予協助。她的孩子已經讀高中，為了他沈迷網路遊戲，整夜不睡覺，她和孩子起了嚴重的衝突。她很生氣的把電源插頭拔掉，她的孩子竟然動手對她拳打腳踢，還口出穢言的羞辱她，她不知該怎麼辦。

孩子對媽媽家暴，她不知道該向誰求助，她也不敢貿然報警，擔心和孩子的關係從此決裂，也怕給孩子留下不良的紀錄，影響孩子的前途，但有了這一次失控的經驗，她每次回家都很害怕。家不再是安全的地方，孩子猙獰的面孔，讓她十分不安。以後她該如何面對和管教孩子？她該怎麼辦呢？

男性需要的不是「管教」

這是一個很複雜的問題。之前，她為了先生的家暴出庭，在法院，我就曾把重點告訴她，一個男人，包括升上初、高中的男孩，他們是不給別人管教的，有事「他」不會求助，也不會找人商量。

他習慣把自己封閉起來，和自己對話。把自己封閉起來，未必是關在房間裡什麼都不做，「他」可能是暫時不管這件事，專注的看電視或打電動，看報紙或重複做些讓自己好過的事，也有先生會在自己情緒低落時要求做愛。

不管做什麼，「他」只有一個簡單的訴求，就是讓自己紛擾的思緒平靜下來，「他」想讓自己好過一些，但如果我們不了解，偏偏選在這個時候打擾到他，他像野獸般的情緒就會被挑起，許多的家暴事件，都是在先生遇到事情，情緒低落、懊惱、極度沮喪，找不到情緒的出口或被嚴重的打擾時發生的。

當時我曾分享這樣的經驗給逸玲。我想她一心一意尋求脫離婚暴，讓自己有一個新生活，可能沒有用心聽我的分享。我當時也要她開始學習，把她的兒子看成男人，不要再用管教或管控孩子的方式，面對即將進入青少年時期的兒子。

男孩對管教言語是很敏感的，他表達不舒服的方式，在媽媽眼裡可能便是叛逆和不受教。

其實許多時候，「他」沒有任何惡意，只是在向這個打擾他的媽媽提醒，你打擾到我了，你讓我很不舒服。希望媽媽能給他足夠的空間和時間，思考和決定自己的事。

一般的媽媽都不了解這些，只是繼續的把孩子逼到牆角，最後孩子用很粗暴的方式反彈，親子關係就這樣受到嚴重傷害。

母親先處理好自己的情緒，再與孩子談

「這麼乖的孩子，怎麼會變成這樣呢？」

逸玲很傷心的哭著。我實在不忍心告訴她，她的孩子沒什麼大問題，是她把孩子逼到了牆角，才會讓親子關係陷入了困境。

當一個男孩子正和網友在遊戲上廝殺時，他們都是以一個團隊的形式在彼此攻防，媽媽嘮嘮叨叨個不停，還把電源插頭拔了，以我的經驗，十個有九個會對媽媽表達嚴重的憤怒和抗議。

孩子沈迷電動絕非一兩天，如果是我，我會讓孩子玩完這一局，並且也睡飽之後，在很好的情境下，再和孩子談「自我和時間管理」，因為父母如果自己都陷入了負面的情緒，又如何引導孩子用正向的方式回應呢？

「逸玲，你辛苦了。你一個人要工作，又要帶著一個孩子生活，真的很不容易。」

的確是很辛苦，逸玲為了爭取孩子的監護權，可以什麼都不要。她只希望孩子有一個健康的成長環境，遠離家暴的陰影。

如果孩子能了解和懂事，她的辛苦都是值得的，但孩子對她粗暴，令她傷心欲絕，不知道自己的未來還能有什麼冀望。

我能體諒她的心情，也深刻了解，背負這麼沈重經驗的媽媽，在她無法得到孩子的認同和諒解，立刻關掉電腦時，會有什麼表現。她一樣有情緒，她把過去婚姻所受的委屈和現在的辛苦，以重複叨念的方式，對孩子疲勞轟炸。

孩子一直用理智壓抑心中的不舒服，但他盡可能專注在「他」的遊戲上，因為他想避免嚴重的衝突發生，誰知媽媽不僅不知道要停止，還動手拔掉插頭。

過去見聞父親家暴的陰影，取代了「他」的理智。「他」活在父母婚暴的歷程裡，媽媽不好過，但「他」就好過嗎？媽媽的苦沒人能懂，「他」的苦又有誰懂過呢？

他可能在起身要去插電的過程，和媽媽有一點小小的肢體接觸，媽媽緊張和防衛的情緒，就導致這樣一個嚴重的親子衝突。

一個有過暴力經驗的男人，「他」好過嗎？他的內在有著許多的紛擾和對話，我相信「他」也很懊悔，希望這一切都沒發生。

他很想向媽媽認錯道歉，但媽媽沒能給「他」機會和台階下。時間拖愈久，親子的互動就愈僵化。為了讓彼此都好過，孩子只有躲起來。

逸玲很辛苦，因為現在的困境讓她身心備受折磨，但如果無法解開這個結，可以想像未來會更痛苦。

學習和男人相處及生活

「事情已經發生了，你想要什麼樣的結果呢？」

孩子該跪在媽媽面前好好的懺悔和認錯，這真是大逆不道的錯，可是這樣的不幸是誰惹出來的呢？如果媽媽沒有嘮叨個不停，如果媽媽沒有粗暴的拔掉插頭，這件事只會是孩子暑假沈迷網路遊戲的小事而已。

媽媽事後也不懂得給孩子機會，甚至把事情鬧大了，所有的親朋好友都知道這件事，都憤憤不平的想為媽媽出頭，紛紛交相指責孩子，甚至還有長輩要動手教訓孩子，這樣，孩子的心裡會好過嗎？

媽媽的處理方式讓孩子失去了回頭的機會，讓孩子原本的一點悔悟之心，都轉化成了憤怒。

孩子動手打媽媽，絕對是不應該、是錯的。媽媽期待孩子認錯，好好的用功讀書，不再接觸網路遊戲，這要求看起來很容易，但犯了那麼大的錯，媽媽只要求孩子做好自己分內的事，為什麼他做不到呢？這樣的和解機會就因彼此都未準備好而錯失了。

他們母子現在彼此都有著一肚子的怨氣。逸玲早起準備好早餐，就匆匆趕去上班，她不想和孩子碰面，孩子也故意閃開媽媽。等晚上媽媽睡了，才出房門，把都涼了的飯菜，端進房裡吃。

「你還要忍受這樣的日子多久呢？」

逸玲的眼淚流了下來。我還問了逸玲一個問題，誰願意過這種生活呢？但誰讓這樣的折磨持續呢？誰又有能力讓親子之間的結解開呢？是孩子嗎？如果媽媽自己沒有理清自己的期待和需求，孩子已經有過下不了台的經驗，「他」還敢再貿然親近媽媽？

逸玲的眼淚傳達著她的委屈和辛苦，但同情或指責孩子，有何意義呢？我可以直接給予可行的建議，但這是沒有用的，一切都必須等待逸玲做好準備。

她必須準備好給自己一個全新的開始，因為家暴並不是不能改變的，過去並不等同於未來，只是如果我們不懂得在過去的經驗中學習全新的互動模式，過去的不愉快還是會再發生。

我再一次告知逸玲，學習和男人相處及生活是很重要的。

男人如果臉上寫著我不舒服，我們可以用溫暖的手去試一試男人的情緒指數，但千萬不要貿然的想要教導或協助男人處理「他」的問題，否則，我們就會惹禍上身。要給男人足夠的時間和空間，讓他們和自己對話，等到「他」把自己搞定了，再和男人接觸。

「好，我準備好了。怎麼開始第一步呢？」

把決定權交還給孩子

先別急著和兒子接觸和談話，先讓彼此都有一點心理調適的時間和空間。你可以先和孩子約好，三天或一週以後單獨的談談這件事。

沒有誰是對或錯，只是讓整件事重新攤開來，讓你們彼此看見這段期間，你們受的痛苦和折磨，沒有道理讓過去的不愉快經驗再度傷害彼此，沒有指責或教訓，也不期待有什麼承諾。

這是一個生命學習的課題，孩子在學習，媽媽也在學習。

「事情已經發生了，我們沒辦法改變過去，但我們卻有足夠的能力選擇現在。」

過去是什麼已經不重要，現在是什麼才是重要的。現在才能決定未來，不要再為過去的是非爭辯，「它」已毫無意義和價值。

對孩子的言詞若有不滿或難以認同，就輕輕告訴孩子：「謝謝你讓我知道你的想法和感受。」談話只有一個重點，就是重新建立愉悅的互動關係。

孩子已經長大，媽媽應該把許多決定權交還給孩子。讓孩子學習為自己負責，保持愉悅的心，享受這創造美好未來的談話。

「可是……」

逸玲要講的是孩子沈迷網路遊戲，不肯專注課業，她很擔心。

沒有好的親子互動關係，還談什麼父母的影響力呢？沈迷網路遊戲的確是個問題，但和親子關係水火不容，彼此交惡相比較，還真寧可讓孩子繼續沈迷網路，所以根本的關鍵，在於讓親子有良好的互動關係！

逸玲和絕大部分的父母一樣，都只會擔心和企圖管教，都未把孩子的問題還給孩子。

一個青春期、即將成年的孩子，要學習把自己該做的事做很好的規劃和安排，最重要的是，要提升自己的執行力和行動力。

父母要學習安心和放心，才能讓孩子有足夠的時間去嘗試和規劃，孩子會慢慢找到自己的軌道，過正常的生活。

「網路遊戲」有什麼問題呢？當孩子把該做的事都做好了，生活作息也能有很好的安排，就讓他在暑假玩個過癮和痛快吧，因為機械式的過關和打打殺殺，孩子不久就會厭煩了。

「專注於創造一個愉悅的談話經驗吧！這是一切美好的開始。」

逸玲安心的回家去了，能否實現是她的功課。

我必須做的是，專注的選擇我要的「現在」，讓自己平靜和喜悅的享受生活所有的美好。

一切的緣遇與發生，都是恩典與禮物。

「一切都取決於我現在的選擇。」

人生的重建課
關於溝通

過去不可改變，
未來難以確定，
用心投資「此時此刻」的自己。
永遠為自己工作，
而不是為了老闆、主管，
更不是為了父母和家人，
或是金錢和名利。
我為我自己，
累積生命的資產。
創造生命的無限可能和機會，

選擇最好的自己，
努力地付出和學習。

14 關於選擇

原來生命可以這樣寬廣

「人生若不能自己選擇要什麼，那麼至少要在不能選擇的環境裡，選擇一個好心情。」

不知為什麼，淳智的話一直迴盪在我腦海。

每個人都有不一樣的選擇，我們何苦要選擇「難過」，為難自己呢？

和自己重啟對話

有一天，我去鄉下探望我多年的好友淳智。他五十歲不到，就退休離開公職。

大家都勸他再撐個幾年，就可以領月退，他卻回答我們，生病的父母可能等不到他退休。從高中讀書就離家的他，想在父母尚健在時，回家陪父母生活。

回到自己老家的淳智，過著極簡單和樸實的生活。

他種菜、整理果園，養豬餵雞，比上班時還忙，收入雖不多，但生活過得很充實。

「有沒有後悔過，如果你多等一下，現在就有月退啦！」

淳智用他一貫老莊的口吻，回答我們這些訪客。

「得就是失，失就是得。沒有得，就沒有失。沒有失去，怎麼能體會自己的擁有呢？」

這幾年，他留太太和孩子在台北，一個人回到鄉下，每天工作十幾個小時。他天天都汗流浹背，但他沒有後悔過。

在鄉間，他和自己有許多對話的機會，他也和樹木花草對話，他家養的豬和雞都聽得懂他的話。

原來生命可以這樣寬廣，而不是上班時，每個人都關在一個小區塊，唯一的夥伴只剩一個小螢幕和電話機。

單純享受創作的過程

淳智的皮膚曬得又黑又亮，原本身上驗出來的糖尿病和高血壓，現在通通有了明顯的改善。

他告訴我們，為了一份薪水窩在一個小小的空間，想不生病都很難。回到鄉下，有形的收入，雖然只有過去的一半，但身心的愉悅卻比以前多一倍，他要後悔什麼呢？

淳智在豬舍旁給自己搭了一間工作室兼工寮，他把山上鋸下來的木頭拿來創作各種不同的人物和動物，樸拙而可愛的作品。他隨手一抓，就把作品不吝惜地送給我們。

「你花那麼多心思完成的作品，我們怎麼好意思帶走呢？」

淳智指著門口一堆他不滿意的作品。

他告訴我們，他只是享受創作的過程，不管花多少時間做的，煮豬食欠柴燒時，就把它們扔到爐裡。

隨同前去的朋友，就拚命的在木頭堆裡尋寶，口裡直呼好可惜，這麼有趣的東西，可以拿到網路上去拍賣，可以賺到很多錢。

淳智要她常來，賣的錢全部都給她。

「和太太、孩子兩地相隔，這樣好嗎？」

淳智的太太仍在上班，也放不下孩子，所以仍住在台北。

淳智當然希望太太也能回到鄉下來，可是假日回來時，她都覺得好累，因為有做不完的家事，和除不完的草。而且她要很努力的美白，因為她只要到鄉下一兩天，就全破功了。淳智哈哈大笑地說著。

淳智本來想等太太退休後，再一起回到鄉下，但太太在私人企業，退休遙遙無期，而且人生無常，這十幾年會有什麼變化，又有誰能預料呢？

淳智帶我們去挖他種的地瓜和採玉米，要我們家裡能吃多少就拿多少，吃不完的就分享給親友，保證有機、無農藥。

難掩失望的父親

淳智的爸媽十分熱情，準備了豐盛的午餐招待我們。我們心想，爸媽有淳智這麼孝順的孩子，他們應該很高興，但事實上，卻不是這樣。他爸爸期待淳智要奮發向上，光宗耀祖。他卻放棄大好前程，回家種菜。

「講不聽，已經做到科長了，接下來就可以當局長，卻回來顧我們兩個老人，有什麼價值呢？過兩年就要死的人。淳智，你讓爸爸很失望啊。」

原本歡樂的氣氛瞬間凝結。

淳智的媽媽端菜出來，氣呼呼的和先生抬起了槓。

「孩子行有用嗎？生五個孩子，沒一個在家的，三個在國外，一個飛來飛去，現在在哪都不知道。兩個老的，在這鄉下，死了都沒人知道，還好有淳智，真是三代燒好香！」

「女人家懂什麼？」

兩個老人你一句我一句的鬥起來。

我和朋友一臉尷尬，也不知該怎麼介入，突然，我的朋友拍手大叫。

「伯父、伯母，您們最有福氣，有光宗耀祖的孩子，也有飛來飛去賺錢的孩子，更重要的是，還有照顧您們的孩子啊！」

大家鼓掌叫好。淳智的爸爸似乎還有一堆怨言，他述說年輕時拚命讓五個孩子讀書，就是不要他們沒本事，最後淪落到在家務農，因為讀書才有翻身的機會，等翻了身，考上高考好做官，但淳智卻年紀輕輕，明明有大好前途，竟辭官回家種田。這講給誰聽，都覺得可惜啊！

「講不聽，我老啦，隨時都要死了，哪值得淳智用前途來陪呢？」

「老番癲就是老番癲。叫你別念了，你都講不聽！」

兩個老人家眼看著又要吵起來。

這頓飯吃得大家百感交集，什麼是對，什麼又是錯呢？

淳智飯後陪我們在樹下納涼。

「淳智，你爸說的也有道理。你是個才子，前途無量，做農夫太可惜了！」

是幸？還是不幸？

淳智長嘆了一口氣，講出他從來沒有談過的話題，原來返鄉照顧父母其實是個幌子。

他有許多難言之隱。

在公務上，一位器重他的老長官，因親友關說要他幫忙，他要淳智盡力協助，於情於理，淳智都應幫忙，可是這件事遊走在法律邊緣，這個忙後來幫了沒事也就算了，偏偏對方的親友是位民意代表。他在議會質詢時，一定要找人負責。

淳智若講出實情，自己脫不了關係，這位老長官也要被迫下台。在權衡得失之下，他一個人扛下所有責任，調離主管職務，但對方仍不肯罷手，他只好以照顧年邁多病的父母為由請辭。

這件事，淳智沒有對任何人提過，他自己心裡也很不平，但他告訴自己，人生有許多選擇，幸與不幸都很難講。

當他離職後，卻爆出幾年前官商勾結的弊案，他的老長官被收押禁見，判了十幾年的徒刑。如果他沒有離職，恐怕也很難脫得了身，所以是福是禍，誰可預知呢？

他提早退休，每個月也有幾萬元，雖然微薄，但鄉下沒什麼開銷，錢存得比上班時還多。種地養豬，他也做出了一些心得。他覺得很有成就感，比當公務人員，經常要左右為難、膽顫心驚好多了。

「我是一介草民，尚請各位官人多多照顧。」

我們雖耳聞這些事，但不同機構，也不了解。淳智的話讓氣氛都嚴肅了起來，他趕緊使出搞笑的本事，大家轉移話題，就聊到了另一半和孩子。

從父親身上學到的

淳智很感謝太太的諒解，他如果再耗下去，可能很難全身而退，太太也支持他早日退休，避居鄉下。

淳智是鄉下長大的孩子，從小就很不情願的離家讀書工作，能回來，他是很高興的。

爸爸的不諒解，他可以同理，一個農夫省吃儉用，將一生的希望都放在孩子身上。在鄉下光是一個警員或幹事，就大到不得了，要辦事都要看他們的臉色。淳智升科長時，他的爸爸還大肆請客，所以在地方上，他講話都很大聲，因此淳智提早退休，最不諒解的是他的爸爸。

「當了爸爸才了解當爸爸的心情。」

淳智的兩個孩子都很傑出，讀的是前三志願的學校，但淳智並不滿意，因為他從小都是讀第一志願的高中和大學。

他的孩子沒考上第一志願，他有一次講話酸了一下孩子，沒想到孩子好幾個月都不跟他講話。

父母的心態真的很重要，每一次聽到爸爸的怨嘆，他便有苦難言，多麼期待他的父親能多給他一些正向的支持。由於這樣的心痛，讓他開始學著改善自己和孩子的關係。他覺得他的孩子已經很努力了，所以每次見面，他都會稱讚和感謝他的孩子。

在鄉下，孩子拿博士和做大官是父母最大的希望，他的哥哥和姐姐，很少回老家，也很少打電話回來。他們發展得很好，但都只是上班族，沒有亮麗的頭銜，可以讓爸媽拿來炫耀。

其中三個在國外的兄姐工作都很辛苦，也很不穩定。這點，他的爸爸是很難理解的，但至少孩子在國外，在別人眼裡，就很不得了了，也不管他們到底在國外是做什麼，過什麼樣的生活。

即使環境無法選擇，也要選擇一份好心情

「四十幾歲和五十幾歲的視野真的很不同。」

淳智分享他剛回鄉下時，不敢到親友家坐，每天都早出晚歸，要不就躲在豬舍旁的工寮。

在鄉下的親友想法和觀念都很率直，尤其是對政治的看法，他們經常受媒體的名嘴左右，很難和他們溝通。偶爾才打打招呼，他都盡量避著他們。

為了墾地種田，他不得不尋求一些必要的協助，多接觸後才了解，鄉下知識水準不高的人，也有他們可愛的地方，那是一種很單純的人際關係，你付出什麼給對方，對方一定會加倍還給你。

我們在聊天時，就有位鄰居端出煮熟的地瓜要請我們。

「阿義，你把我的朋友當豬喔，這是養豬的地瓜吶！」

我們沒想到淳智那麼直，而他的鄰居更直。

「台北人比咱們的豬還不如，這是有機的呢！他們都是吃塑化劑和黑心食品。」

大家不僅沒生氣，還很開心的分吃他好吃的地瓜。

要離開時，每個人都還有地瓜和一些青菜等伴手禮。

我們開玩笑，要淳智好好的當農夫，以後收養我們這些台北來的豬，一群只會吃不會做的豬。

在回程時，幾個朋友都有著不同的心情。

我們這一行，大部分人都是公教人員，幸運的有一份安逸的工作，但誰知道這鐵飯碗會不會生鏽，就算幸運的挨到退休，又該何去何從呢？

淳智或許仕途不順遂，但他未必比我們差，能陪著父母度過晚年，又能有自己的天和地，吃自己親手種出來的東西，他應該比我們幸福才是。

「人生若不能自己選擇要什麼，那麼至少要在不能選擇的環境裡，選擇一個好心情。」

不知為什麼，淳智的話一直迴盪在我腦海。

每個人都有不一樣的選擇，我們何苦要選擇「難過」，為難自己呢？

天天都選擇一份好心情——不論我們身處何處，又有何境遇。

人生的重建課
關於選擇

你做到了嗎？
選擇最好的自己。
如果你不知道最好的自己是什麼，
也別太在意，
因為大部分的人都不知道。
我想要得到什麼，
我就付出什麼。
我付出什麼，
我未來就會得到什麼。
你要什麼呢？
如果你也不知道，
那麼你至少很清楚你不要的——

沒有價值，沒有尊重，沒有錢，沒有希望的未來。

你要付出什麼，才會有有價值、有尊嚴、有錢，和有希望的未來呢？

選擇你要的，

你就得到最好的自己。

15 關於愛情

祝福曾傷害過你的人

我倒了溫溫的一大杯水，希望麗琦能緩一緩自己的情緒，她沒有什麼錯，也沒什麼不該，這個事件是個災難，或是個美好的開始，都在於麗琦自己的選擇。

一段懸崖邊的愛情

「我好難過，我好想死掉算了！」

麗琦是我之前輔導過的孩子，有一天她來找我，看到我就淚眼汪汪的哭個不停。她失戀了，一個她偶遇的男孩，決定和她分手。這個男孩給了她人生新的希望和開始，麗琦為了他重返校園讀書，並為他認真的考試。

原來麗琦高職肄業，她的男朋友是大學畢業，是她任職公司的一位工程師，她一直偷偷的注意他，但她不敢有任何的渴望，因為對方是公司的專業人員，而麗琦只是這家高科技公司的基層作業員，他是她們作業線上的品管工程師，也算是她的上司。

麗琦一直為著自己的學歷和地位而自卑，只敢遠遠的、偷偷的注意他，也因為這樣，工作上常出錯，但他總是很有耐心的替她解決難題。他們在一起工作了一兩年，卻都沒有什麼機會私下接觸，直到一次員工旅遊，麗琦上吐下瀉，無法繼續行程，他自告奮勇要在醫院陪伴她，並送她回家，就這樣彼此有了深入的接觸機會，但麗琦只是心動，不敢表白。

直到有一年的情人節，她收到他一束小小的花朵和一張卡片，他還邀麗琦共度晚餐，麗琦簡直不敢相信，兩個人就這樣成為一對情人。麗琦很小心和謹慎的維繫這份感情，她一直認為這是上天賜給她的禮物。她高職只領到結業證書，而他是國立大學的畢業生，她覺得自己配不上他。

交往不久，麗琦偷偷跑去補習，好參加技術學院的入學考試，她考上了，也很認真的學習，但不知為什麼，當他知道麗琪去讀書，非但沒有鼓勵她，還經常藉故和她吵架。麗琪為了愛，不惜任何付出，獻出了她的性和一切。她不明白他為何愈來愈疏遠她。

不久之前，他升任部門的主管，調離了原職，就此像是人間蒸發般，失去了音訊。麗琪鼓起勇氣打探消息，並到他辦公室找他，沒想到他非常生氣的斥責她，認為她不該打聽他的消息，也不應該到辦公室找他。

爆炸性的消息

麗琪很難過，她不明白自己到底做錯了什麼。她關心他、愛他，這樣錯了嗎？她仍不死心的等他回來。幾個月過去了，他既不接電話，連麗琪傳簡訊，他也不回。

同部門的同事有一天告訴她，他要結婚了，對象是同一家公司的財務部門經理。其實麗琪之前一直都沒有讓人知道這份戀情，當然婚禮她也不敢參加。她每天下班都以淚洗面，滿腦子浮現的都是他的一切。

有一次他來生產線視察，看到她就像一般的同仁，只是對她點個頭，她無法接受這段感情就像沒發生過一般，而她在公司裡也一直保守著祕密。當他要結婚的消息一傳開，許多關於他的傳聞也開始浮上枱面，麗琦當然是主角之一，但卻不是唯一的主角，他和公司裡好幾位同事都有過一段情，他在和麗琦交往的同時，也和其他女同事交往。工廠的同事戲稱她們要組織一個愛情受難協會或地下情婦團，一起為愛情奮鬥到底。

麗琦無法忍受這些傷痛和屈辱，便辭掉了工作，原本想藉著讀書，讓自己忘卻這段傷心的戀情，可是她做不到。她每天只要一個人獨處，就會想起他。

「我該怎麼辦？」

麗琦哭得很傷心，這段感情對她而言真的是很大的傷害，麗琦自責自己不該不自量力，以卑微的學歷和職位，卻奢望高攀。

麗琦壓抑長久的情緒令她痛不欲生，她自責自己無端的招惹這些麻煩和痛苦，卻沒有任何的責備和怨尤。她知道自己的學歷和職位不高，不該愛，也不配愛。但麗琦是這麼好的一個孩子，看她這麼難過，我下定決心要幫她這個忙。

每一件事，都能往好處想

我倒了溫溫的一大杯水，希望麗琦能緩一緩自己的情緒，她沒有什麼錯，也沒什麼不該，這個事件是個災難，或是個美好的開始，都在於麗琦自己的選擇。

「這件事往好處想，會是什麼呢？」

一個腳踏多條船的男人，一個玩弄和欺騙別人情感的人，還好只是過去的情人，還好沒有意外懷孕，還好沒有「結果」，若等到結了婚才發現，那才是人生真正的災難！麗琦真的是個好女孩，受了這麼大的傷害，卻能夠不出惡言。

「你還愛著他，幻想著他突然放棄他的婚姻，回來找你嗎？」

麗琦流著淚，但毫不猶豫的同意我的猜測。她嚎啕大哭，嚷著只要他願意再愛她，哪怕一天也好。他要她做什麼都可以，只要再愛她一天，一天就好，她甚至願意用生命換這一天。

這樣的癡情讓我的眼淚也忍不住滑下來。愛情不是理性的，我相信她的男友也曾經在某些片刻真正的愛過麗琦。男人的愛是被性所操弄，性的驅力，讓男人無法專注他的所愛，這是麗琦難以理解的。和她相愛過的男人，就像風一般的吹過，但當花草仍在搖曳感動的那一刻，風卻已經不知去向了，就像沒有來過一般，我要怎麼讓麗琦了解這一切呢？

「已經受傷了，還要讓自己失去更多嗎？」

情愛對男人像是攻城略地，只是征服和達成，完成之後，很自然的會把注意力轉向其他目標。女人對於情愛則是一生的投注，一旦下了注，明知賭局穩輸，也要繼續賭下去。

我要用理性去引導麗琦思考是很困難的，因為她不回答我的問題，只是哭得更用力更傷心。

「他曾經對你很好，他是你唯一認定的真命天子？」

麗琦點點頭，她告訴我，他真的很讓人著迷，公司有很多女孩暗戀他。麗琦曾經驕傲自己的幸運，有機會和他親近，成為他的情人，麗琦很聽話的小心保守著交往的祕密。在那段期間，她每天都期待著下班後的約會，覺得好幸福、好快樂。她也期待著要和他結婚，讓全公司的女孩都羨慕她的幸福。

「然後呢？」

結婚，和他生一堆孩子。

「然後呢？從此過著幸福美滿的生活。」

進入婚姻，學習才開始

在我們生活周遭，經常都會聽聞轟轟烈烈和感人的愛情故事，但很少聽說某對夫妻從此過著神仙般的生活，因為愛情可以隨緣和隨性，但婚姻卻是學習經營和投資的歷程。即使麗琦的故事很美滿的進入婚姻，所有的學習，也才正要開始。如果一切都很戲劇化，麗琦的男友回心轉意，和未婚妻解除婚約，而在同一個日期和麗琦結了婚，但婚後卻發現他繼續花心，不斷有外遇，麗琦會怎麼面對呢？

「我會離婚。」

如果有了孩子，怎麼辦呢？

「我還是會離婚。」

「為什麼呢？」

愛情和婚姻是不能分享的，但剛剛麗琦才說願意為他的愛做任何事呀！

「如果今天是你離了婚，來找你的老師，你現在會是什麼心情呢？」

麗琦沈默不語，她沒想過這樣的結局，但這是很可能的。她會更加傷心，因為曾經愛過的男人，給過她無數承諾和約定的男人，把麗琦的青春和愛情都用光了的男人，麗琦會怎麼對待他呢？

「真愛無悔？繼續成全他？祝福他？還是讓他一輩子後悔呢？」

麗琦寧願選擇折磨自己，也不願讓對方一輩子不安和難過。為一個已經不再愛她的男人，折磨自己？毀滅自己？讓對方不安和痛苦？她要為一個已經完全不在乎她死活和感受的男人繼續付出生命的所有？

「真的？你真的會這麼做？」

為一個擁抱著別的女人，移情別戀的男人付出生命的所有？要為一個對自己已經毫無感覺和興趣的男人去死？

「我沒有說我要去死。」

「那你想要對這段已像雲煙般的愛情付出什麼？」

我極盡描繪出她的男友和新歡正在肌膚之親的模樣，我只有一個目的，就是讓停留在麗琦腦海裡的美好影像受到嚴重的破壞，讓麗琦只要想起她的男友，就想到這個狡獪的男人，正在用同樣的模式傷害著另一個女人。她要很慶幸接下來的女主角已經換人了。

將傷心轉化為生命的動力

「他不會有好下場的。」

我請麗琦只要腦海裡再浮現她的男友，就默默微笑祝福他。這樣的男人，唯有他的婚姻幸福美滿，麗琦的未來才不會有再一次的傷害！

「祝福一個傷害過我的人？」

「如果你不想讓他繼續打擾你！如果你不想讓自己再失去更多！」

學會讓現在的自己好過，比譴責和哀怨更有意義和價值。我們無法改變過去，但我們可以決定現在的自己和未來的自己。

我建議麗琦每天一定要有一個小時以上的激烈運動，讓自己受傷的身心能因運動而好好修復，運動過後，心才能得到平靜，之後再把自己的生活做明確的規劃。她因為沒有較高的學歷而自卑，那麼何不利用這樣的動力，好好的完成一直都未完成的夢想呢？這也可以讓自己的未來有更多的機會和更好的選擇啊？

這個故事的結局，應該是麗琦從此奮發向上，然後遇到一個真正愛她的男人，從此過著幸福美滿的生活；但這不是真正的人生，生命總是充滿著無數的選擇，麗琦選擇什麼我並不關心，我關心的是，她是否能在生命旅途上，時時提醒自己，沒有什麼是好或壞，一切都只是選擇而已。

「永遠都給自己最好的選擇！這選擇就是讓自己好過，永遠都不要為難自己！」

這是我給麗琦的祝福，也是給你的祝福。請記得，永遠都要給自己再一次選擇的機會！

人生的重建課

關於愛情

你可以改變什麼呢？

這篇文章給予你什麼想法呢？

如果你覺得自己已經夠棒、夠好，那麼恭喜你。

如果覺得自己有太多要改變的，也恭喜你。

這是你自我學習和提升的開始。

最重要的是，學習賞識自己和懂得給自己真正的愛，

並且問問自己，你真正要的是什麼。

16 關於婚姻

必須長期用心經營

婚姻的經營，我們都期待很多，但付出的卻很少。
我們付出的少，自然得到的就少。
「用『心』投資，否則最後你會窮得只剩下錢而已。」我提醒育崙。

少了行動力，一切都只是想像

育崙是我之前輔導過的孩子，在一次偶然的演講場合，我們又見面了。他從汽修學徒做起，後來賣中古車，幾年來一直都很不順遂。他不明白為什麼他那麼努力，卻總是離成功那麼遙遠。

「你要的成功是什麼呢？」

他雖然沒有自己的房子，但租得起房子，開顧客換下的老賓士，也租了一個店面修車兼賣中古車，每月都有十萬元左右的收入，雖不算太好，但也還過得去。他告訴我，他的同學和過去一起當學徒的朋友，都比他好上好幾倍，住高級社區的房子，開全新的賓士或ＢＭＷ，他卻還在做工過日子。

「你要的成功是要有自己的房子和高級轎車？」

育崙想要入住當地豪華的建案，那是一坪好幾十萬的高級社區，他也要全新的豪華轎車。他認定的成功居然如此簡單。

「擁有這些就算成功了嗎？」

「不然呢？」

我已經不是育崙的老師，而是他的朋友。我拿起筆很認真的幫育崙做計算，他要一百坪的房子，每坪若要價五十萬，要五千萬，豪華轎車比較容易，只要三百萬就可以擁有。他的工作每賣一輛中古車可以賺到兩萬，修一部車平均可以賺到一千元的工資，一天若修到三輛車，扣除成本，一個月大概可以淨賺五、六萬元，但這只夠維持他基本的生活，他想要有五千萬是遙不可及，除非他改變經營的模式。

他的客戶大部分都是開二手車的中下階層，要賺到他們的錢很不容易，他們修車、換車，也都是在有限的預算上做考量，育崙想多賺點錢很難，除非育崙擴大服務的範圍，增加服務的品項，或調整服務的對象，例如專門以維修高級轎車和專賣二手的高級轎車，並做高級轎車的租賃，他的收入才可能增加。

「這我都想過了。」

和他一起做黑手的朋友，就是這樣成功的，但他一直覺得這樣做風險太大、太辛苦而作罷，於是這幾年他就邊做邊哀怨，但都沒有太大的改變。

「你一定要成功嗎？」

在夢想面前，為自己找出奮鬥的理由

育崙一臉灑脫，如同哲學家似的告訴我「錢夠用就好，生不帶來，死不帶去」，有錢的人未必快樂，有錢人也有他們的煩惱。

「所以你是想成功，但不成功也無所謂囉。」

「不然呢？」

他羨慕他的朋友住豪宅、開名車，但他們真的未必比育崙快樂。育崙選擇繼續羨慕他們，然後自我安慰的過每一天，這其實也沒什麼不好。只是當朋友的我總希望能幫上一點忙，能夠讓他日子過得好一點，不過若他放棄了努力，我也沒辦法，但至少可以讓他閒置的資產——擺在店門口的中古車做有效的利用，因為許多剛學會開車的人，都先用租的，先租輛舊車開一開，等開熟了再買車，所以第一部車通常都是中古車，育崙大可多多利用他閒置在門口待價而沽的中古車。

他原先還有一堆理由，例如要保險太麻煩，或車若租給別人開更難賣，但後來他想一想，有許多車子擺了好幾年都沒賣出去，試一試也無妨。

最周到、完整的服務觀念

他找與他有來往的駕訓班合作，把自己的車子租給剛拿到駕照的新手。他熟悉車子的維修，依據新手開車的需求，把車子調整到好，不會熄火和拋錨，沒想到許多年輕人租了幾次就想要買，而一旦知道車價和機車差不多，沒多考慮就買了。為了保固期，車子得回育崙的廠保養維修，他的維修廠生意自然又增加了。等我再去看他時，他已擴大了店面和維修廠，滿臉笑容的謝謝我。

「老師一語點醒夢中人。」

育崙這幾年來都沒有什麼大的進展，所以，也沒什麼動力發展他的事業，愈做愈小到幾乎無法維持，沒想到他還能跨出這一步。等新手拿到駕照，買他的車，他賺到了差價，接下來又賺到保養維修費用，過一兩年，當他們想換好一點的車，又把舊車賣給他，他又再度賺一手。育崙洋洋得意的講述自己的近況。

「可惜你少賺了一筆。」

新手二度換車，通常都不是高價的新車，很可能是中低價位的新車或中價位的二手車，育崙的服務卻中止了。客人既然已經進門，有什麼理由讓服務多年的顧客就這樣一去不返呢？

「不然呢？」

「顧客一進門，就要照顧好他這一生用車的所有需求，你給他最周到的服務，他們就把他們一生用車的錢奉獻給你！」

服務是個系統，要用周全的設計，把人的需求服務好，錢自然就會流進來。

育崙果然有他的專業，幾經考量，他選擇做小廠牌的新車銷售和維修，把心力放在各階層的中古車販售和維修。

他鎖定的第一層客群，是第一次拿到駕照，買中古車的新人，每部車的價位都在五、六萬至十萬之間。第二層的客群是二度換車，他以中價位的中古車為主，鎖定價位十幾到三十萬之間的年輕人。第三層的客群是三度換車，以三、四十歲的上班族為主，他們已成家，有孩子，車子開出去是要有面子的，鎖定月收入三至五萬元，覺得買新車負擔太重的客群。第四層是四十歲以後，有閒錢但又不想花大錢買豪華新車的穩定上班族或主管。

育崙分析他們的預算和需求，提出購車一次，終生服務的保證。

幾年後，育崙的服務範圍不斷的擴大，已有多家的連鎖店和加盟體系。

有一天，他打電話說要請我吃飯，因為他買新家要「入厝」，我當然欣然接受。

「育崙成功囉！」

他很不好意思的告訴我，是貸款買的。席開幾十桌，聽說有許多都是他多年來的客戶兼好友。

「你成功的祕訣是什麼呢？」

他開玩笑的說：「要聽老師的話，勇於夢想。」

創造屬於自己的成功

育崙因席間要招待客人，他希望我能再給他機會，和他聊一聊。育崙每次和我聊天都有很大的成長和改變，他希望自己能更成功。

「老師是我的貴人，否則我現在還停留在為租金和生活費掙扎的日子。」

的確如此，幾年前我看到育崙的模樣，和他現在有著一百八十度的改變。錢不是衡量成功的唯一標準，但每天都被金錢困擾的人，絕對不會是一個成功的人。要把金錢看得很重要，認真的把該賺的錢搞定，才有空間和時間去想別的事！

「這陣子，我一直在問自己，『我成功了嗎？』」

育崙沒有在成功的路上迷失自己是很難得的。成功沒有一定的定義，而是要真確的了解自己的期待。育崙已婚，有兩個孩子，每天除了工作，他很少去想到他的另一半和孩子，最近工作比較穩定，他開始檢視自己，除了賣命的賺錢，擁有豪宅和名車，參與一些名流的社團，有著亮麗集團總裁的頭銜，他這樣算是成功了嗎？

「育崙，這一生你期待自己要怎麼過呢？」

「育崙，賺錢是很容易的事，規劃對了，錢自然就會進來，你已經做到了。人生也一樣，你清楚自己的期待，有明確的規劃，幸福自然會降臨。」

「你要什麼？什麼是你這一生一定要擁有的呢？」

「足夠使用的錢？要多少才能讓你安心呢？」

「除了錢，你還要什麼呢？」

育崙沒有回答，只是苦笑了一會兒。

「幸福的婚姻和美滿的家庭？」

他的表情有著一絲的不屑，似乎在告訴我，這誰不知道。

你怎麼看待別人，別人就怎麼看待你

「育崙，你擁有了幸福的婚姻和美滿的家庭嗎？」

育崙這十幾年來一直都忙著工作，而他在工作上不乏一些喜歡涉足風月場所的酒肉朋友，他自然也染上了這些習性。

婚姻像是一場戲，他努力賺錢，讓另一半和孩子有安全和穩定的家，他覺得自己的義務已經盡到了，他在外面不過是逢場作戲，何況他周遭的朋友哪一個不是這樣。

「女人就像鞋子，穿舊了就要換。」

「育崙，這是你真正的想法嗎？」

人性是很微妙的，你怎麼看待別人，別人就怎麼看待你。如果這是育崙的想法，他的太太對待他，大概也只是把他當作提款機，彼此間不會有什麼感情。

「你付出什麼，就得到什麼。」

育崙把另一半當成一般的女人，那他的另一半又會把他當成什麼呢？如果他把女人當成性的工具，那他在另一半的心目中又會是什麼呢？是用舊了就換嗎？這一點，育崙實在令人擔心。

「開玩笑的。」

育崙大概察覺到我的表情不對，趕緊修正他的說法。

「人窮，家裡什麼問題也沒有，一有錢，反而看到家裡的問題。我家那個女人很好搞定。」

如果育崙只把另一半當成女人，當然，他就很好搞定，但另一半不只是女人而已，她是我們生命中最重要的伴侶和朋友，只有用心經營和投資，我們才可能得到我們要的幸福，但育崙似乎沒有這樣的想法，就像他經營自己的維修廠，也從未有想法要好好經營和發展，結果就只是怨聲載道，日子難過。

經營家庭，必須長期用心付出

「生命是個投資，你付出多少，就得到多少。」

「投資？我也有啊！我供給太太的生活費不算，每個月給她的零用錢就好幾萬。」

育崙是個生意人，他的腦袋裡只有錢。他只付出錢，得到的當然是和錢有關的報酬，但他要的幸福卻不是錢，而是另一半的真情相待。

「怎樣的婚姻，對你而言，才算幸福呢？」

育崙的描述很顯然受到他原生家庭的影響，他覺得女人除了要把家事做好、孩子管教好，更重要的是男人一回到家，就要溫柔體貼。

看來，他還是把另一半和他在外面飲酒作樂、逢場作戲的「服務」混在一起。在外面，他可以花錢買到別人對他的服務，但在家裡，他要付出關心和用心，才可能得到他要的。

「我有啊！母親節和結婚紀念日，我都做很大喔！」

一年三百六十五天，只有這幾天才注意到另一半。我相信育崙的另一半，也是蜻蜓點水的給他好臉色。婚姻的經營，我們都期待很多，但付出卻很少。我們付出的少，自然得到的就少。

「用『心』投資，否則最後你會窮得只剩下錢而已。」

男人很怕被「管」和「教」

用心就是把家和另一半都當成最重要的一切，每天都很認真的存入每一份愛的存款。存夠了，你自然就會有收穫。

「我知道。」

育崙和其他男人一樣，都很怕被管、被教，我也知道，所以即使我是老師，也懂得適可而止。

「你要什麼，你就付出什麼；你付出什麼，你就得到什麼。就像你經營事業，你改變了你的態度，你就會有不同的結果！」

育崙已經快四十歲了，應該要有自己的人生方向，賺錢才會是比較容易的。他只要了解市場的需求，做好服務的系統，顧客自然就會給他服務的機會；但經營家庭可不是這樣，必須很用心的長期投資和付出，和家人建立良好的信賴和互動模式。

他委婉的讓我知道，我講得太多了，畢竟這是他的人生，他有權選擇自己要的一切。

「你要得到婚姻的幸福，你先要知道你期待的幸福是什麼。」

我要離開時，還是不放心的多說了兩句，我只有一個小小的願望，希望育崙能得到真正的成功和幸福。

人生的重建課
關於婚姻

你真正要的是什麼？
沒有人會了解和知道，
包括我們對自己都是陌生的。
因為知道自己的不知道，
我們才能開始了解自己。
我們不知道自己真正要的是什麼，
但一定會知道，
什麼是我們一定不要的，
例如貧窮、厄運、病痛、失敗、沒尊嚴、沒價值、沒地位……
其實我們是了解自己的，不是嗎？
財富、聲望和地位，
一定比不上愛和希望、健康和朋友。

17 關於自我

探索自我，是我們這一生都要做的功課

從談話中，傑雄似乎找到了替罪羔羊，有錯都是他父母的錯。三十歲之前，他這麼抱怨，我從未糾正過他，但他已經三十多歲了，該為自己的一切負責。

感恩找你麻煩的人

傑雄是我輔導過的一個孩子，雖然保護管束結束了，但他總不定期的會來找我

聊一聊，我們彼此都有著深厚的情誼。

這幾年來，一直困擾著他的是他的人際互動關係。他是個認真勤奮的年輕人，但他總是遇到找他麻煩的老闆和主管，同事對他好像也不怎麼友善。我曾經分享許多經驗給他，但他都不覺得自己有什麼需要改進的，最近他又和我提到他不順遂的人際互動經驗。

「我真的搞不懂我們主管，竟然重視摸魚打混的人，卻不給績效好的人機會。」

傑雄很認真，很想要成功。他到一家科技公司擔任業務人員不到幾年，業績就已是全區最好的一個，最近公司要升一位主任，他卻沒有獲得升遷，反而是業績一直都很差的同仁升任，令他十分不平，這也是他常換工作的原因。

「你很想要這個主任的職位？」

傑雄看我一眼，沒有立即回答我。我似乎是明知故問，有誰不願意升級，好及早卡位呢？

「傑雄，這個主任的位置有什麼優勢和劣勢呢？」

優點當然是薪水增加、職等提升、增加歷練，可以再為下一步做準備。劣勢呢？傑雄覺得自己的長項是做業務，這個主任的位置管的是物流，只是監督每個標準作業流程，對他而言，他會覺得很無聊。

這個公司經營兩項主要的部門，一是生產，一是業務。生產管理的是品質和數量，但沒有銷售業績，所有的努力都是看不見的。聰明的老闆會把一流的人才留在業務部門，把二流的人才放到生產和物流部門。

我相信公司是看重傑雄的業務能力，要好好栽培他在業務部門發展，所以他有什麼理由因為這樣而感到氣餒呢？

「可是我們老闆和主管都很愛找我麻煩，同樣的工作流程，別的同仁很少被糾正，只有我每天都要被叮得滿頭包。」

如果我是主管，知道這個人未來要接自己的位置，要成為自己重要的幹部，通常要求都會比較嚴格。主管會要求傑雄是看重他的能力，被認為重要和要求更好，有什麼好抱怨的？反而應該要感恩和珍惜這份主管的看重才是。

「老師，你不知道他都是當場找我麻煩，給我難堪。」

這更應感恩。主管把傑雄當成自己人，只有對自己信任的人，才會如此要求，因為要讓其他人無話可說。傑雄應該高興，主管把他當成親信般重視。

「才不是這樣呢，有好處他都給別人，我只能做些吃力不討好的事。」

職場上的「提早準備」

路遙知馬力，日久見人心。傑雄要是贏得一時，還是要贏得一世呢？一個有雄才大略的人，一定要忍住眼前的不順遂，繼續堅持和努力。沒有人能忽視一個在逆境、困境中奮發向上、力爭上游的人。

「學會賞識你的主管，感恩你的同事和顧客，因為有他們，你才有機會發展你的能力。」

「我的主管是個豬頭，什麼都不懂。」

也許是，但他至少做對一件事，就是用了傑雄這麼好的人才。

一個人如果是當了主管才學習如何當一位主管，那麼這位主管一定會被罵豬頭。為什麼不善加利用自己還不是主管的時候，就好好的準備和學習當主管呢？賞識你主管的優勢能力，用心檢視主管的任何缺失。你可以在心裡練習，如果我是主管，這樣的處境和事件，我要怎麼做才會讓大家心服口服呢？

「帶人是一件很不容易的事。」傑雄似有所感的告訴我。

「帶人要帶心。」

這是一句眾人皆知的話，但要讓人心服口服一時已經很不容易了，還要別人有始有終的信服，更是難上加難。

「傑雄，怎樣的主管會讓你心服口服？」

要公正無私，要身先士卒，要體恤部屬，要為部屬爭取最大的福利，要……

「當一個主管要如此犧牲奉獻，那他可以得到什麼呢？」

「可以得到部屬的心服口服。」

我問傑雄願意當這樣的主管嗎？

「每個人都只是圖一口飯、一份薪水，何必呢？苦幹實幹的人，最後還不是都會被撤職查辦。」

傑雄在職場上闖蕩多年，他有感而發的話，許多時候也的確是事實。

諒解他人，讓自己心裡好受

沒有人願意全心全力去把主管或老闆的角色演好，因為實在太辛苦了。而身為一個員工和部屬呢？如果有一天他們也能了解到，哪一天當自己是主管或老闆時，也會有許多自己做不到的事情，那麼，也許他們就會有比較多的諒解，也會讓自己好過些。

「沒有理由拿自己都做不到的事，去要求別人一定要做到。」

傑雄似乎懂得我的意思，他很尷尬的微笑著，但不知何故，我們就是會用高標準要求別人，尤其是我們的父母、上司，我們也習慣用高標準，要求我們的下屬和子女。

傑雄和父母的關係一直都不好。他結婚之後，也因為無法和另一半相處而離婚。他和上司的關係也不好，而在前一家公司，他當時是主管，也未和部屬和諧相處。在彼此僵持的情況下，他的上司竟選擇留下他的部屬，而要他走路。

「老師，我錯了嗎？」

沒有什麼是對或錯，人的個性會影響一個人的命運。傑雄的原生家庭，父母的關係一直都很不好，他從小看到的就是父母的吵鬧。

傑雄的父母只要遇到事情，就會先指責對方，把責任推給對方，若對方反駁，就用更大聲和粗暴的方式回應。表面上的輸家大部分是媽媽，他的爸爸常常氣不過或詞窮，就動手打人，但他的媽媽也會不甘示弱，給予還擊。

傑雄這幾年經歷了那麼多的考驗，他自己的心裡也有著很深的體悟，這不是他要的人生，但他要什麼呢？他又該如何得到呢？

三十歲，該為自己的人生負責

「我很倒楣，為什麼我有這樣的父母和家庭呢？」

從談話中，傑雄似乎找到了替罪羔羊，有錯都是他父母的錯。三十歲之前，他這麼抱怨，我從未糾正過他，但他已經三十多歲了，該為自己的一切負責。他有權，也有能力選擇自己要的人生。

「你要什麼呢？你希望你是什麼樣的人，在和別人互動的過程裡，你希望有什麼樣的經歷呢？」

這些問題我之前都問過傑雄，他沒有想到明確的答案，我再次把問題還給他，希望他能找到自己期待的人生方向。

「我希望自己是個救世主，有能力幫助別人，解除所有的痛苦。」

「救世主？」

傑雄是真實和貼心的。許多人都對自己有著「救世主」的期待，他們覺得我要解救和改變世界，於是在夫妻關係中，他們傾向於主導另一半，因為他們希望另一半是幸福和快樂的，而主導的方式是：他（她）必須臣服於「我」的意志。在親子互動上也是如此，他們企圖把孩子當成自己生命的一部分。

在職場上，我們也常遇到掌控型的主管或老闆，他們要掌控所有，但卻又期待我們能盡其所能的發揮所長。他們喜歡順服和忠誠於他們的人，但他們本身卻又是難被馴服的人，即使是過去的皇帝或君王，也難找到完全忠心和臣服的，更何況是現在呢？我們的內在都有一個想要解救和援助別人的渴望，都有一個改變世界的理想，但我們卻都不想改變自己。

「既然你要當救世主，那你要什麼呢？」

只要做自己，不需要贏過別人

給全世界恩典，然後，希望這個世界都臣服於你嗎？還是要贏得全世界的尊敬呢？但全世界又有多大呢？全世界其實是很小的，因為我們每天能接觸多少人呢？除了工作，就是家庭，每一天，甚至於這一生，我們能見聞和接觸的人事物，還真的很有限，所以我們的全世界其實是很小和有限的。而我們不會在乎我們不認識和遙不可及的世界，我們只要把自己看顧好，讓自己的每一天都有一顆平靜歡喜的心，並且用珍惜、感恩的心，去面對世界，所以我們何必要全世界呢？因為生命其實可以很簡單和容易，我們吃飽了就不會再有食慾，性慾宣洩了就不會再有紛擾，期待達成的目標一旦完成了，我們就不會再有想望，心自然也就平靜了。

「什麼是你真正想要過的生活呢？什麼是你期待的生命旅程呢？」

救世主是個幻想，也是個錯覺。我們從歷史的殷鑑可知，即使是征服大半世界的帝王，也都並未如自己所願的欣喜若狂，頂多只是得到片刻的寧靜，讓心短暫安定。無論佔有多少，我們的心都不會滿足。只有知道自己真正想要得到的，我們才可能有真正的快樂。

「傑雄，你要爭做豪『傑』和英『雄』嗎？你已經擁有和達成了，不是嗎？」

為什麼一個人一定要登上世界第一高峰，才了解到他不需要征服，也不需要挑戰呢？我們何時才可以了解我們不需要贏過別人，我們只需要搞定自己。

「老師，這你講過了。能懂得自己的人，才能真正懂得世界。」

我的確講過，而我自己也仍在探索自我，這是一生都要做的功課，因為我們對自己的了解都只是片刻，我們必須讓生命的每一個片刻都是清楚和明白的，才能過真正平靜和歡喜的生活。

「什麼是『真正』的平靜和歡喜呢？」

挫折，讓生命更精采

傑雄這時才很認真的思考。我們每個人都期待「真」，拒絕「假」，不過什麼是真正的平靜和歡喜呢？我也不知道，但我了解，我們頭腦裡生出來的各種想法，是我們紛擾的來源。生命的經歷是很重要的，當我們的經歷愈豐富，我們就會有愈多的了解。

我要讓傑雄明白的，不是放棄努力，而是在努力的過程中，不需要太在意得或失，因為任何的經歷都會讓我們的生命精采和豐富。

「勇於夢想，更要勇於付出和努力。」

在堅持和努力的歷程中，我們會愈接近真正的自我。放棄努力或拒絕、排斥現實，把自己封閉的人，生命會愈來愈貧乏。

「努力去做就對了。」

傑雄似乎很滿意我和他的這次對話，所以他給了自己這樣一個結語。

「就是聊聊天，分享一些不同的感受和想法而已。」

繼續你的旅程吧，作為一個老師和朋友，我祝福傑雄每一天都充滿豐盛和恩典。

人生的重建課

關於自我

我們很努力，但我們卻少有人知道努力是要得到什麼。
停下腳步，用心思考，
什麼是我真正想要的呢？
選擇自己最好的目標，專注在自己要的一切，
你會發現生命可以有一種單純的喜樂，
你不會再焦慮和恐慌。

18 關於決心

真正的勝利，是全力以赴

真正勝利的人，不是在比賽中得到冠軍的人，而是全力以赴的人。

你看看運動場上拿金牌的選手，他的人生一定是最美好的一個嗎？未拿到獎的選手，難道一生就註定黑暗和痛苦嗎？

決定一切的，並不是比賽結果，而是你如何看待這個結果。

比錄取還豐盛的人生禮物

唯銘是我到台科大演講時認識的一個朋友，從小他就沒有亮麗的表現，但他力爭上游，在讀高職時，以技能比賽優異的表現考進了台科大。他在台科大也很努力，雖然各方面表現平平。他聽了我的演講，受到了很大的激勵，決定給自己一個明確的目標，他告訴自己一定要考上台大的研究所，他真的很努力的準備了一年多，但不幸的，他落榜了，而且連備取的資格都沒有。

他寫信告訴我，他傷心了一整天，一個人坐在河濱公園哭。他很難過，他這麼努力，為什麼上天沒有看見呢？為什麼他這麼上進的人，上天不給他一條路走呢？

「這一切都會是上帝最好的安排，祂要給你的恩典和禮物，其實比考上還要豐盛。」

「我只是個失敗者，輸家。」

「真正勝利的人，不是在比賽中得到冠軍的人，而是全力以赴的人。你看看運動場上拿金牌的選手，他的人生一定是最美好的一個嗎？未拿到獎的選手，難道一生就註定黑暗和痛苦嗎？決定一切的，並不是比賽結果，而是你如何看待這個結果。」

唯銘對我所說的，不知如何反駁，但他決定讓自己留在失敗的痛苦經驗裡，他不再努力，也沒有另尋出路，而是選擇自我放逐。

服兵役時，他也很不甘心，眼看著同學研究所畢業了，在職場上也有很亮麗的表現，他很沮喪的再來找我。那時的他已經失去人生的方向，對自己毫無信心和動力。

「我不知道自己該怎麼辦？」

「你可以選擇繼續做三年前研究所的失敗者，也可以給自己一個全新的開始。你的選擇會決定你未來得到什麼。你要什麼呢？唯銘。」

「我不要失敗，我不要失望，我不要被人看不起。」

「唯銘，你究竟要什麼呢？」

妥善處理心裡的不甘心

沒有人會選擇失敗，也沒有人會選擇貧窮和痛苦，但就是有許多人，因為一次失敗的經驗，從此放棄了努力，還把自己美好的未來都給毀了。唯銘也不想這樣，但他就是沒有動力，提不起勁。

「你想把自己毀了，好向上天抗議，沒有給你應得的獎賞是嗎？」

唯銘的確努力過，就像在田裡認真播種和耕耘的人，一直期待著農作物的收成，可是秋天到了，周圍的農田都有收成，唯銘卻什麼都沒有。

「所有的努力都白費了，我不甘心。」

沒有如期的收穫，原因很多，可能是種子選得不對，耕地不合適，或耕作的經驗不足，甚至在關鍵的時刻，沒有做對的事，但沒有收穫，並不是一無所有，至少我們的努力也給了我們難得的經驗，不是嗎？成功除了靠努力，最重要的還要有知識和經驗。我們的努力已經累積了難得的經驗，我們還有什麼理由讓自己的田地繼續荒蕪下去呢？

「唯銘，給我一個理由，像你這麼棒的人才，你為什麼要毀掉自己呢？」

「我沒有。」

這三年來，唯銘一直在為沒考上研究所而悔恨。考上研究所真的有那麼重要嗎？如果考上真的有那麼重要，那麼唯銘這三年來沒有繼續努力，不就是毀掉自己的人嗎？

「我不知道該怎麼辦。」

「你要什麼呢？你想要有什麼樣的未來呢？唯銘。」

「我想要成功。」

把焦點放在想要的未來，而不是失敗的過去

唯銘一直都在成功的路上，只是他把臉朝向了黑暗。

我分析他的成長歷程。他從小就不是一個亮麗的學生，不曾名列前茅，也未擔任重要幹部，更沒有什麼出色的才藝，不過他卻在讀高職時有著傑出的表現。

「唯銘，你是怎麼辦到的？為什麼你能夠過關斬將，贏得最後勝利呢？」

唯銘在讀高職時，他的學科贏不過別人，但他靠著勤奮和努力，每天重複的練習，連假日也不休息，這就是他拿到技藝競賽冠軍的祕訣。

「唯銘，你的人生只要贏這一次嗎？就像許多選手贏得了冠軍，但卻從此失去了努力的目標和動力。即使全世界的人都贏不過你，但這世界上最大的競爭對手並不是別人，而是你自己。一個永遠向自己挑戰的人，才有可能贏得真正的勝利。唯銘，把焦點放在你要的未來，而不是失敗的過去。」

「我沒有信心和動力，我害怕會跟上次一樣，努力了，最後卻什麼都沒有。」

我要唯銘回想當初是怎樣考進台科大。台科大是台灣最好的科技大學，有那麼多的競爭者，成功的機會是那麼微渺，而他是怎麼做到的呢？

「全力以赴，堅持到底。」

「如果你還想要成功，要怎樣才有機會呢？」

「全力以赴，堅持到底，永不放棄。」

這是所有成功者的共同特質，和失敗者只有一線之隔。成功者永不放棄，堅持到底，失敗者則是放棄努力。

「唯銘，你要什麼呢？」

「我要成功。」

以過去的成功經驗激勵自己

唯銘已經有了答案，我要他在未來的努力過程中，經常用過去成功的經驗激勵自己。過去可以做到的，以現在的唯銘來說，當然要比以前更棒、更好。

「最重要的是要有明確的目標。唯銘，你要什麼呢？你要把自己的人生帶向哪裡呢？」

不知道明確目標的人，即使已經完成和抵達了，也仍舊埋頭盲衝。不過設定明確的目標時，一定要有完成的時間，更重要的是，要清楚自己完成目標的理由和動機，要說服自己，不是「想要」，而是「一定要」。

「我沒有動力。」

「沒有決心的人，怎麼可能會有動力呢？」

唯銘只是想要成功，但他並不是「一定要」。這個世界上，成功的人很稀有，因為大部分的人都沒有下定決心去做一件事，都害怕失敗，害怕去付出和努力。

「享受人生難得的努力目標。」

一個人的信心是來自成功的經驗。在完成偉大目標的過程裡，是由一個接著一個的小目標所累積的。成功的鉅作是由無數細微的小動作所組成的，如果我們有明確的目標和計畫，我們就有一張建構的藍圖，只要照圖施工，一步接著一步的努力，再困難、再巨大的目標，都有完成的一天。

這些道理誰不知道呢？但做到的人卻很少，一個人的執行力和行動力，決定一個人的成就，要成功就要忍受眼前付出的辛苦和各種與目標無關的誘惑。

「決心、毅力、勇氣。」

「唉，知道是很容易，做到卻是很難。」

我看著眼前的唯銘，想起我輔導過的吸毒累犯，他們都想戒毒，但他們一生都在戒，因為戒了又吸，吸了又戒。失敗的人，本質都是一樣。一個人會生活得很辛苦，就是一而再再而三的輪迴於此。

「唯銘，一切都是你的選擇。我只能告訴你這些，未來的一切操之在你今天的付出和努力。」

從這一刻，停止抱怨和哀傷

我還能幫上唯銘什麼忙呢？即使他是我的孩子，這也是我能給他的全部。生命是他自己的，我不能幫他做任何決定和選擇，就像我不能幫他吃飯和拉屎。我不明白他這麼有潛力的人，為什麼不給自己一次機會呢？就像許多人聽了我的演講，都感動萬分，但那有什麼意義呢？如果不給自己一個機會去選擇成功，我能幫上什麼忙呢？

唯銘已經讓自己停滯三年，他可以繼續這樣，但十年、二十年之後呢？每一次聽到有人抱怨自己懷才不遇，未能有好的表現和成就時，我都有一種感傷，在這世界上，其實是很簡單的運作道理，就是你選擇和付出什麼，你就得到什麼。抱怨有何用呢？哀傷又有何用呢？

「唯銘，你可以決定你未來的一切。」

「一切都是你自己的選擇，我只能祝福你。」

唯銘當時並沒有給我任何承諾，幾個月後我再度接到他的來信，他希望再與我見面，因為他的生活陷入了更大的困境。

他上次和我談話之後，就為自己做了一個重大的決定，他再次辭掉工作，全心全力地準備研究所考試，這次他雖未考上台大，但也上了國立大學的研究所。然而他連一學期的課都沒上完，因為他覺得讀研究所拿學位，對現在的他而言是一種生命的浪費。他再度陷入了抉擇的困境，他不知道自己該做什麼選擇。

「沒有什麼是對或錯，一切都只是選擇，你選擇什麼，付出什麼，你就得到什麼。」

唯銘有許多抱怨，他覺得教授很不用心，學校課程的安排很爛，一起學習的研究生都在打混。

了解自己做決定的動機

我有些不明白，唯銘為什麼一定要讀研究所。

「我哥哥和姐姐都有讀研究所，我爸媽覺得大學文憑沒什麼用。」

唯銘已經是二十六、七歲的成年人，我不明白他的決定，只是因為哥哥姐姐和爸媽的想法嗎？我思考著該怎麼幫忙唯銘或者我需要幫忙他嗎？一個遇到問題，不懂得去思考，只希望從別人身上得到解答的人，我的協助是否只會讓他更幼齡化和延緩成熟呢？

「我的問題，還是和以前一樣，唯銘你要什麼呢？」

一個將近三十歲的男人，仍繼續在摸索未來的方向和定位，我之前給他的協助，似乎都未使上力。

我認為研究所如果不適合他，那麼他可以試著休學，去做自己想做或認為有意義和有價值的事，但唯銘的學歷是高職，他的學業成就一直不如哥哥姐姐，如果研究所的碩士學位，對唯銘的人生是重要的，那麼他就該認真的去完成，為什麼還有那麼多的抱怨？

他自我的實現，又與學校、教授、同學有什麼關係呢？或者唯銘並不是那麼想拿學位，而他真正想要的又是什麼呢？

「我就是不知道，才來找你。」

我和唯銘見過兩次面，但我們有許多次的通信，也許我和唯銘的互動並不深入，當然，我不能期待這樣的協助，就可以幫他找到方向和答案，可是一個二十六、七歲的成年人，我在他這個年齡，大學都還未讀完，回顧我的生命，我當時真的就了解自己的方向和未來了嗎？

那時我確實很努力，但我不知道自己的未來在哪裡，比較幸運的是，我讀的學校在畢業後就有一定的工作，我因此少掉了許多選擇的空間，但同時也少掉了許多迷惘，我甚至用心地準備任職的特考。

唯銘呢？他來找我，似乎想讓我知道他不想再讀研究所，但他已經努力了那麼久，又不想輕言放棄。

「選擇有無限的可能，除了『要』，就一定是『不要』嗎？」

沒有什麼是一定對或錯的選擇

我提供了許多選項，例如至少讀完這學期，辦休學，就等自己準備好了，再決定要繼續，還是放棄；或是找份工作，讓自己有多元的學習。

沒有什麼是絕對的對或好的選擇，有些時候沒有選擇，反而是最好的選擇。用最大的付出和努力，把眼前的事做到最好。

所有的決定，都是唯銘自己的選擇，我希望他能學習做一個有果斷力的人，而只要是經由自己選擇的一切，就應有全力以赴、使命必達的決心。

沒有人會是失敗者，只要我們繼續付出和努力，我們任何的選擇，都會是未來的資產。

我沒有建議和答案給唯銘，只有我的祝福。加油，不論做什麼樣的選擇，都要全力以赴，堅持到底。

人生的重建課

關於決心

沒有人是失敗者，

當你的臉面對陽光，你就會看到希望。

失敗的不是事件，而是你沒有積極、正向的想法。

任何的失敗都是成功的一部分。

只要你堅定目標，繼續努力，

失敗會成為你生命中最重要的資產。

19 關於宿命

找回你的人生發球權

許多人還是不敢給自己新的決定，因為他們害怕改變，拒絕冒險，所以，他們仍然停留在父母帶給他們的宿命裡。

一個幾乎被眾人放棄的孩子

彥品從小由祖父母帶大，所以他和父母十分疏離，父母給他的印象是逢年過節才會出現的人。

在他小學畢業時，父母把他帶到台北，由於父母都是勞力工作者，收入不多，所以父母只能和同是勞動者合租在老舊的公寓裡。

彥品在鄉下住慣了，來到都市後，他的學校課業跟不上，和本地的同學也沒什麼交集。他的朋友都是住在同一棟公寓，與他有類似背景的孩子。他不喜歡上學，所以常常跟著廟會的八家將跑來跑去。

彥品在學校常常出問題，父母剛開始還會關心，之後也懶得理睬了。沒多久，彥品就輟學，他因為騎乘贓車觸法而來到法院。執行假日輔導之後，他又再犯其他案件，因而執行保護管束，但也未有明顯改善。

在他的認知裡，他的父母就是靠勞力工作，他寒暑假偶爾還會去幫爸媽的忙，只要工作就有錢，有錢就可以有飯吃，還可以買菸、買酒，而只要到藏在都會區裡的宮廟，就有一群和他同年紀的朋友，他跟著陣頭走，有吃有喝。這樣的一天過得很快，和在學校裡完全不同，上課很單調、很枯燥。

彥品上課時老是睡覺，剛開始還有老師會注意他，不久之後，他就像空氣一樣，已經不太有人注意他有沒有在教室裡，慢慢的，他便從教室裡消失了。

爸媽剛開始對彥品其實是有期待的，但後來也看淡了。他的爸媽都只有國中畢業，也只期望彥品把國中讀完。

我知道這三年彥品真的很辛苦，而為了找回他這個中輟生，老師和我也很辛苦。勉強一個孩子待在不適合他的地方，大家都很辛苦。

孩子到學校的真正理由

「彥品，你對自己的未來有什麼期待或想法呢？」

如我預期，他只會搖頭，表達他的不知道或從未想過。

的確，想這麼多有什麼用呢？連今天要怎麼過，彥品都從未想過，誰還會想到明天呢？在上學的途中有太多的可能，他經常會遇到在網咖認識或陣頭的夥伴，於是上學這條路就有了許多變化。即使到了學校門口，都沒什麼事情發生，彥品也會先到廁所晃一下，好像在那裡會有一些比進教室有趣的事，如果真的什麼事都沒發生，他就只好進教室了。

在教室裡，唯一和他有對話的是，一個和他同樣吊車尾，成績墊底的同學「狗雄」。他一進教室，就會很期待「狗雄」出現，但如果連他都不在，教室就沒什麼希望和樂趣了。

彥品有好幾次進教室沒多久又再走出教室，去哪裡呢？司令台後的圍牆邊，不管什麼時候都會有人在那裡停留。學校似乎故意留這樣一個三不管地帶，讓這些在教室無法立足的學生有個逗留的小小天地。

彥品剛開始不明白為什麼是這裡，後來他了解到，司令台的地下室是體育班的器材室，和教室、行政大樓之間隔著大操場，老師或訓導人員只要一靠近，遠遠的就可以發現，通常躲在這裡抽菸或曠課的同學，就會翻牆往外跑。

我覺得很奇怪，不想上課就不要到學校來呀。為什麼來到學校，卻不進教室，要躲在他們聲稱的「老鼠洞」呢？原來到學校似乎對這些孩子來說仍是個責任和義務，他們不在乎成績，但他們都還滿在乎是否能畢業。雖然不管拿到的是結業或畢業證書，因為，事實上，都沒有太多差異。

協助孩子，做自我的探討和澄清

「彥品，你快樂嗎？」

「還好。」

「『還好』是什麼意思呢？」

「就是沒什麼不好，也沒什麼好。不知道啦！反正一天過去，一天又來，就這樣混完了國中生活。」

「接下來呢？」

「不知道。」

可能隨爸媽去工作吧，但實在太辛苦了，做粗工要負重、要曬太陽，還要被工頭、師傅辱罵三字經，卻又不能輕率的回嘴。彥品剛開始還覺得很新鮮，但沒兩天就感到厭煩了。

爸媽剛開始還會氣急敗壞的勉強他去工作，但幾個星期之後，也懶得理他，任由他睡覺睡到自然醒。

他成天無所事事，有時到網咖逛逛，網咖只要有一兩百元就可以混一天。有錢他就躲在網咖，沒錢他就跑到宮廟。

宮廟裡的頭頭，通常被他們稱這個「哥」或那個「哥」，彥品在那裡和一位強哥最好，他很照顧他，給他菸抽和酒喝，還收留他，給他地方住。「強哥」帶領一群和彥品有著相似背景的孩子，他們出陣頭或做各種不同的粗工，一天五百、八百，有時工作是沒有錢，但鐵定有吃有喝。

在輔導彥品的過程裡，我當然期待他能朝著主流價值努力，未來能有一份固定的工作和收入，以及組織一個穩定的家庭，雖然很困難，但可以朝著這個方向邁進。只是我究竟可以幫彥品什麼忙呢？一個輔導工作者究竟能做些什麼呢？當彥品不知道他要什麼，要去哪裡時，我們也不可能幫著當事人去他不想去的地方，於是我協助他去做一些自我的探討和澄清。

渴望被收留與接納

「彥品，你期待未來過什麼樣的生活？要有什麼樣的人生呢？」

宮廟是彥品得以流連且收容他的地方，我去訪視過。宮廟通常藏在都會的窄巷裡，除了供神外，神桌後方會有一個大通鋪。宮廟前通常有大供桌和廣場，大夥兒無聊，就聚在通鋪或大供桌上玩牌，比十三支、下棋或喝酒打屁，累了，往通鋪一躺就睡，只要不要太白目，在這裡，無論是誰都會被收留和接納。

孩子來來去去，彼此都有類似的背景，誰是誰，也沒有人太注意，大家不過圖個去處，有一群朋友。

宮廟的主事者也樂得有這群可以拿旗、敲鑼打鼓的孩子，這些孩子如果學會八家將，會裝模作樣的比畫，那麼在這個團體裡就有不一樣的地位，因為他們是神的替身和代言人，只要有出陣頭就可以分到錢。

沒有人會太計較領多少，即使沒有領，只要主事的大哥有一套說詞，大家也都能接受。這裡似乎不是這麼功利，也沒有嚴密的組織，力量的展現除了出陣頭以外，一旦有外來的入侵者和滋事者，大夥兒也會立刻聚集，共同抵抗敵人。

彥品有好幾個案子，就是因為這樣而惹上的，他很無辜，因為許多時候，他真的都不知道為什麼要聚眾、滋事、打架。

有一陣子，彥品結交了女友，他想要做一個讓人信賴和可以依靠的男人，但他的女友似乎不太在乎這一些，她在乎的是有人陪伴她、在乎她。

彥品這陣子顯得很有活力，學校老師擔心他會太早成為小爸爸，沒想到，老師的擔心真的發生了。彥品的女友很快就懷孕了，發現時已是懷孕後期，別無選擇的，只能讓她把孩子生下來，他們雙方的父母好像沒有太多的斥責或驚訝，不過父母也沒準備要讓兩個孩子結婚，他們似乎預料到即使有孩子，他們也不會穩定下來。

這個提早到來的孩子，命運和彥品有些相似。彥品和女友都無力照顧，最後孩子流落到祖父母或親戚的手上，可喜的是，因為彥品有了孩子，反倒成了一個有責任感的男人，他開始認真工作，賺錢付保母費和生活費。雖然辛苦，卻沒有怨言，就和他的父母一樣。

掙脫父母宿命的祕密

「你的一生就要這樣過嗎？」

彥品縮縮頭。他說，如果可以重新選擇，他還是不知道會選擇什麼。

我問過他的父母，他們滿意他們這一生嗎？如果有來世，他們期待的人生是什麼呢？

「如果有來世，我們希望做一個會讀書，拿筆過日子的人。」

彥品的父母仍然有著過去傳統父母的思維。在這個時代靠勞力謀生的人，未必是做粗工，許多的打工族，靠的就是賣時間，許多的上班族，表面上看起來比彥品的父母過更好的生活，但真的是如此嗎？他們從未有明確的期待，只是一天挨過一天。

有所差別的是對孩子的期待，他們都希望孩子能出類拔萃，會讀書，且有更好的學歷及更好的選擇，只是這些父母親從未思考如何給自己更好的選擇，而彥品的父母對他又有什麼期待呢？

「如果會讀書最好，如果不會讀書，那就只能做工了。」

從社會底層出發，有哪些人改變了父母給予的宿命？在社會底層打轉的族群是哪一類的人，就如同彥品和他的父母，他們從未給自己新的決定。

他們在現實生活裡，不知道明天有什麼好期待的，也不知道如何安排今天的生活，所以，他們一直在同一個位置上打轉。

「彥品，走這麼一段路，你學到了什麼呢？」

「如果可以重新選擇，你會要什麼呢？」

這些問題，彥品當然不會有什麼答案給我。他的答案都一樣，就是「不知道」。「不知道」是什麼意思？彥品放棄了選擇，其實沒有人可以勉強我們做任何選擇，也沒有人需要為我們的放棄而負責。

一個輔導工作者，可以為彥品做些什麼呢？我可以改變或決定什麼嗎？

彥品是個失敗者嗎？

我沒有盡到一個輔導工作者的職責嗎？

如果可以選擇，我想要把彥品帶去哪裡呢？

我沒有答案給自己，因為一切都是自己的選擇和決定，但誰都不願意讓自己停留在陰沈和破爛的社區裡。只是許多人還是沒有給自己新的決定，因為他們害怕改變，拒絕冒險，所以，仍然停留在父母帶給他們的宿命裡。

「如果可以再做一次選擇和決定，你會要什麼呢？」

人生的重建課

關於命運

誰決定了「我」？

當然是我們自己。

為自己的生命負責，

永遠用正向、積極的態度面對人生。

永遠的珍惜和感恩所有的一切，

恩典和禮物一直都在。

你開始學會感恩，就會看見生命的希望。

20 關於療癒

療癒親人離去的傷痛

看到媽媽每天以淚洗面，我只能暗自垂淚，但我清楚的了解，人生是有所選擇的。沈溺於悲痛是種選擇，從悲痛中看見希望和力量，也是種選擇。我試著療癒自己，也讓我母親用正向、積極的態度看待父親的離去。

生命裡的巨痛

佳鈴是一位朋友的姐姐，佳鈴的先生在一次突發意外中過世，她傷痛數個月都無法回復正常的生活，我去探望她，希望能為她做點什麼。

「我無法相信建宏已經走了，他一定會回來的！」

「建宏不可能拋下我們母子，他一定還活著！」

「建宏是個好先生、好爸爸。」

大概有太多人來安慰過她，我們才剛坐下，她就喃喃自語。幾個月來，佳鈴都沒上床睡覺，她都坐在客廳裡等先生回來。她的面容消瘦、憔悴，任誰看了都不忍心。究竟應該怎麼幫她，才能讓她好過一點呢？

「建宏並沒有死，他只是奉命出了遠地的差，所以沒有辦法打電話回家報平安。」

佳鈴聽了我的話，睜大了眼睛，瞪著我。

她的眼眶裡閃著淚，透著急切的渴望。隨同前去的朋友一直暗示我別再亂說話。

「建宏真的沒死！他人在哪裡？」

佳鈴像是抓狂般的拉著我的手。我很真誠的告訴佳鈴，建宏沒有死，他只是被派到一個很遠的國家，因為他負有重要的祕密任務，所以，不可以和家人聯絡，等時機成熟了，他會接她和孩子過去會面，但他要佳鈴耐心等候，要把自己和孩子照顧好，等他的消息。

「你什麼時候見到建宏的？」

幾個月前，他要出發時，我和他見過面。他告訴我，這件事很祕密，也很重要，一定要佳鈴很冷靜和耐心的等他消息。

「你騙人！為什麼所有的人都說建宏出了意外死了呢？」

「你要相信什麼呢？」

開啟心靈的對話

佳鈴大聲的哭嚷著，建宏一定是死了，否則前一天他離家時，一定會告訴她。如果他沒有死，為什麼不給她一通電話呢？他一定是死了，不會回來了。

「你相信建宏死了？我是他的好朋友，我從不這樣想。他還活著，只是去了一個很遠的地方。」

我想起建宏的時候，我就祝福他，希望他在遠方的國度裡健康、平安。我學過一種心靈溝通的技巧，不是靠電話，而是靠心靈的彼此對話。

我問佳鈴想不想和建宏講講話，佳鈴還沒等我把話講完，就搶著說她要和建宏見面和講話。

我要同去的朋友保持絕對的安靜，並一起默禱。我要佳鈴全身放鬆，和我一起盤坐在地板上，我要她無論發生什麼事都不可以張開眼睛。為了慎重起見，我拿了一副眼罩讓佳鈴戴上。

我放著輕柔的宗教音樂，要佳鈴從手腳四肢感覺自己的放鬆，並從頭頂到腳趾逐一的檢視，自己是否已經完全放鬆了。我要佳鈴慢慢感覺頭頂前方會有一道微弱的光，並且開始慢慢增強，最後這道溫暖和舒服的光會籠罩她的全身，讓她整個人充滿了舒暢。

這種舒服的感覺具有一種神奇的力量，會把她的整個身體提升起來，讓她覺得輕盈而愉悅。

當佳鈴像是在空間飄起來時，她可以很自由的去她想要去的任何地方。

「佳鈴，你要去哪裡？做什麼事呢？」

「我要去找我的先生，我要和他說話。」

佳鈴的情緒有點小小的震動，我要她完完全全相信自己看到和聽到的，並保持專注，一定不能分心，因為這是一趟心靈的高速旅行。如果分心，會傷害到她自己和建宏，我要她看著頭頂的上方會有一道移動的光，它會從上到下灑落一道光廊，她可以放鬆自己跟著光廊往前飄移，速度會愈來愈快，她一定要很專心的跟著那道光前進，不可以讓自己任何的思緒被打擾到。

速度會愈來愈快，快到四周的景物全都模糊成一道光影，我要她保持專注和信心，光廊會慢慢的變平緩，佳鈴會重新看到周遭的景物。我要她告訴我，她到了什麼樣神奇的地方。

「好安靜，都沒有任何聲音。遠處好像有念佛聲，好明亮，很難形容，有一種光鮮的感覺，樹木好翠綠，天空好潔淨，草地好清爽。好舒適、好美妙。」

盈滿淚水的旅程

我要佳鈴慢慢移動，把所看到、聽到、感覺到的全說給我聽。

我要她在一個她喜歡的地方坐下來，等建宏來找她。我要她坐在那個讓她覺得舒適無比的地方，閉起眼睛，享受那種人間難得的經驗、那種人生最美好的一刻。她用一種完全放鬆的喜悅狀態，等待著她心愛的先生。

專注著身、心、靈合一的愉悅，只是等待，什麼事都不要做、什麼想法都要排除，只是等待、等待。

在等待的過程裡，佳鈴描述著奇妙的感覺。四周出現了像彩虹，又不是彩虹，像晚霞，又不是晚霞。天景的變化，有點像她看過的北極光，好美、好美。

她的耳朵裡充滿著一種平靜和柔美的輕柔樂聲，眼前有一個模糊的身影，從遠處走來，穿著華麗的衣服，像個印度王子，是一個很帥的年輕人，很像是年輕時的建宏。

他愈走愈近，愈走愈近，佳鈴卻始終無法看清楚，他是建宏嗎？那麼年輕、英挺和帥氣。

他慢慢的靠近佳鈴，佳鈴有點喜悅，又有點陌生，他是建宏嗎？佳鈴感覺到自己的心跳加速，臉上一陣熱。她仔細的看著這個帥帥的年輕人。

「建宏！你是建宏！」

佳鈴狂叫著，眼罩的下緣滲出了淚水。

建宏看著佳鈴微微的笑著，並伸手輕撫著佳鈴的頭髮。

「佳鈴，讓你受苦了。離開你是不得已的，我必須來這裡，這裡有很重要的工作需要我。」

「我不要你離開我，我不能沒有你！建宏。」

「我知道，我知道我們彼此相愛，這永遠不會改變，但我必須和你分開一段時間。在不久的將來，我們就可以在這裡重逢。」

建宏和過去一樣輕摟著佳鈴，一起看著這個奇妙的世界。

建宏告訴佳鈴，這是一個奇妙的地方。佳鈴若是想念他，只要心中默念著：「建宏我愛你，建宏我祝福你。」這是個奇妙的世界，只要帶著真正的喜悅默念這兩句話，佳鈴就可以感受到建宏和她摟著一起講話的感覺。

佳鈴可以隨時和建宏對話，不需要撥號，也不會不通。

建宏要佳鈴好好照顧自己和孩子，等孩子長大了，完成了佳鈴的任務，建宏就可以接她來這奇妙的地方，永遠不再分離，永遠在一起。

建宏清楚的告訴佳鈴，他一直都沒有離開佳鈴，只是不懂得使用通關咒語。

「保持內在的寧靜和喜悅，充滿愛和祝福，我們就可以隨時見面，永遠不再分離。」

建宏因為有工作要忙，他得離開了。他要求佳鈴看著他離開，並練習剛剛的咒語，以及保持身心的寧靜與喜悅，並持續愛著和祝福著建宏。

這時淚水已經溼遍了佳鈴的臉，她淚如泉般的滑下，重疊的手掌盈滿著她的淚水，但佳鈴沒有哭泣，她臉上充滿著喜悅的光彩和平靜。

建宏漸漸走遠了，他帶著佳鈴滿滿的祝福，繼續他的旅行。

生命的全新開始

佳鈴要回到這個世界，繼續完成她的任務，我引導她搭上回程的心靈列車。隨著眼前的光前進，我要佳鈴不可以回頭，只能專注的看著前方。如果她違反規定，以後就不能再來和建宏會面了。

佳鈴很聽話，一路上保持著寧靜和喜悅，她祝福著建宏。

「放輕鬆，你會慢慢感受到自己的身體重量，當頭和肩膀有著微微的重量，手臂和身體也慢慢有了感覺，你會感受到這個房間的存在，最後聽見ＣＤ的聲音。佳鈴真的很棒。」

佳鈴放鬆自己，而在拿下眼罩之前，她先放開自己坐得發麻的腿和僵硬的手指及手臂。她高舉雙手，讓身體向上伸展。

她慢慢的取下已經溼透的眼罩，這是佳鈴生命的全新開始。

隨行的朋友和在場佳鈴的弟妹，大家都像經歷一場心靈之旅，我們彼此緊緊擁抱。

「建宏沒有離開我們！他一直很好！」

佳鈴哭了，大家也忍不住再次落淚。

佳鈴很冷靜和喜悅的告訴我們，不需要為她擔心，她明天就會去上班，做好一個媽媽的角色。建宏一直都在她身邊，她覺得自己很幸福、快樂。

在回程路上，我跟同去的朋友沒有任何對話，我們仍沈浸這感動的一刻。

朋友在車上告訴我，在這過程裡，連她親人離去的傷痛也一併被療癒了。

「盧老師，你很了不起。」我沈默了片刻，眼淚忍不住滑了下來。

悲痛中，仍能看見希望和力量

每個人都是一樣的平凡和軟弱，我也一樣，我在十幾年前，經歷了父喪之痛。

當時我父親在眾人面前，談到高興時開懷大笑，可能是心血管支架塌了，引發了心臟病就走了。我的母親就是經歷這樣的痛楚，久久無法走出來。

看到媽媽每天以淚洗面，我只能暗自垂淚，但我清楚的了解，人生是有所選擇的，沈溺於悲痛是種選擇，從悲痛中看見希望和力量，也是種選擇。

我試著療癒自己，也讓我母親用正向、積極的態度看待父親的離去。當然我的方法和剛剛對佳鈴的方式不同，因為佳鈴不是我的親人，偶爾才可能見面一次。人的頭腦很難超越情緒的影響，我用了一些冥想和催眠的技巧，讓佳鈴看見、聽見和感受生命的喜悅，讓她經歷一段美好的旅程，重新定義她先生的離去。

我引導她合理化先生不再回到身邊的傷痛，也讓她重新選擇對自己、親人和先生都好的方式，那是面對自己內在一再的傷痛的學習處理。

生命是一種永遠的學習

生命是一種學習，我並不是什麼專家，我和大家一樣，都在生命中學習和提升自己，只是我比較幸運，擁有比其他人更多的學習機會，不過更重要的是，從父母的影響和後來生活、工作中一再的操練自己，我選擇做一個永遠正向積極的人。

今天的經歷，看起來像是我在協助佳鈴處理她的喪夫之痛，但其實也是在增強我自己對生命的信念。當時在場的人受到莫大的感動，我也是眼淚從未停過。

「傷痛時，如果我們知道這不是懲罰和報應，而是恩典和禮物，我們就能面對著陽光，自然也就會看到希望。」

這不是想法，而是一種習慣。習慣是從不習慣的過程，一再的堅持練習，最後就能自然的反應。

人生的重建課
關於療癒

「厄運」是不存在的，
因為上帝賜予每個人的恩典不同。

任何事情的發生都有原因，
也都會是上帝最好的安排。
因為你相信，
你就能擁有。
就像你相信懲罰和厄運，
你就會被它們所苦。

國家圖書館預行編目資料

總是拿到缺一角的奶油蛋糕：人生的重建課／盧蘇偉著. --初版. --臺北市:寶瓶文化, 2011. 12
面； 公分. --(vision；100)
ISBN 978-986-6249-67-9（平裝）

1. 人生哲學 2. 通俗作品

191.9　　100023437

vision 100

總是拿到缺一角的奶油蛋糕——人生的重建課

作者／盧蘇偉

發行人／張寶琴
社長兼總編輯／朱亞君
主編／張純玲・簡伊玲
編輯／禹鐘月・賴逸娟
美術主編／林慧雯
校對／張純玲・陳佩伶・呂佳真
企劃副理／蘇靜玲
業務經理／盧金城
財務主任／歐素琪　業務助理／林裕翔
出版者／寶瓶文化事業有限公司
地址／台北市110信義區基隆路一段180號8樓
電話／(02)27494988　傳真／(02)27495072
郵政劃撥／19446403　寶瓶文化事業有限公司
印刷廠／世和印製企業有限公司
總經銷／大和書報圖書股份有限公司　電話／(02)89902588
地址／台北縣五股工業區五工五路2號　傳真／(02)22997900
E-mail／aquarius@udngroup.com

著作完成日期／二〇一一年九月
初版一刷日期／二〇一一年十二月
初版三刷日期／二〇一一年十二月六日
ISBN／978-986-6249-67-9
定價／三〇〇元

AQUARIUS 寶瓶 文化事業

愛書人卡

感謝您熱心的為我們填寫，
對您的意見，我們會認真的加以參考，
希望寶瓶文化推出的每一本書，都能得到您的肯定與永遠的支持。

系列：vision 100　**書名：總是拿到缺一角的奶油蛋糕——人生的重建課**

1. 姓名：________________　性別：□男　□女
2. 生日：_____年_____月_____日
3. 教育程度：□大學以上　□大學　□專科　□高中、高職　□高中職以下
4. 職業：________________
5. 聯絡地址：____
   聯絡電話：________________　手機：________________
6. E-mail信箱：______________________________
   □同意　□不同意　免費獲得寶瓶文化叢書訊息
7. 購買日期：_____ 年 _____ 月 _____日
8. 您得知本書的管道：□報紙／雜誌　□電視／電台　□親友介紹　□逛書店　□網路　□傳單／海報　□廣告　□其他
9. 您在哪裡買到本書：□書店，店名____________　□劃撥　□現場活動　□贈書　□網路購書，網站名稱：______________　□其他____________
10. 對本書的建議：（請填代號　1. 滿意　2. 尚可　3. 再改進，請提供意見）
    內容：________________________
    封面：________________________
    編排：________________________
    其他：________________________
    綜合意見：____
11. 希望我們未來出版哪一類的書籍：______________________________

讓文字與書寫的聲音大鳴大放

寶瓶文化事業有限公司

（請沿此虛線剪下）

廣 告 回 函
北區郵政管理局登記
證北台字15345號
免貼郵票

寶瓶文化事業有限公司　收

110台北市信義區基隆路一段180號8樓

8F,180 KEELUNG RD.,SEC.1,

TAIPEI.(110)TAIWAN R.O.C.

（請沿虛線對折後寄回，謝謝）